계절을 보내며,
마음을 보내며

계절을 보내며,
마음을 보내며

초판 1쇄 발행 2026. 1. 20.

지은이 김수현, 신화라
펴낸이 김병호
펴낸곳 주식회사 바른북스

편 집 황금주
디자인 김효나
마케팅 송송이, 박수진, 박하연

등록 2019년 4월 3일 제2019-000040호
주소 서울시 성동구 연무장5길 9-16, 606호 (성수동2가, 블루스톤타워)
대표전화 070-7857-9719 | **경영지원** 02-3409-9719 | **팩스** 070-7610-9820

•바른북스는 여러분의 다양한 아이디어와 원고 투고를 설레는 마음으로 기다리고 있습니다.

자비출판 투고 barunbooks21@naver.com
홈페이지 www.barunbooks.com | **유튜브** https://www.youtube.com/@Youtube_brTV
인스타그램 https://www.instagram.com/barunbooks7/ | **X(트위터)** https://x.com/barunbooks7
페이스북 facebook.com/barunbooks7 | **틱톡** https://www.tiktok.com/@barunbooks7

ISBN 979-11-7263-786-6 03810

계절을 보내며,
마음을 보내며
김수현 · 신화라
지음
너에게 쓰며,
나를 이해하다
사계절을 보내며 나눈
느린 마음 편지
바른북스

들어가는 글

아는 사람이지만 잘 아는 건 아닌 사람과 한 해 동안 편지를 주고받았습니다. 사실 별다른 목적은 없었습니다. 그냥 재밌을 것 같아서 하기로 했지요. 그런데 우리의 편지가 진짜 책이 될 줄은 몰랐습니다. 화라 작가님과 처음 편지를 시작할 때는 그저 취미로 글을 썼을 뿐이니까요. 일기라고 하는 게 더 맞을 거예요. 그런데 편지를 나누는 기간 사이에 어쩌다 개인 저서를 출간하게 되었고, 이제 우리의 편지는 두 번째 책이 됩니다. 자신도 몰랐던 마음속 바람이 인연을 만드는 걸까요? 아니면 만난 사람 덕분에 숨어 있던 꿈이 싹을 틔우는 걸까요? 어쨌든 글 쓰는 삶과 더욱 가까워진 것에 화라 작가님의 영향이 있었음은 분명합니다.

낯가림도 심한 제가 잘 모르는 사람과 내밀한 편지를 주고받는 일을 흔쾌히 수락했던 이유는 그녀의 제의가 단순히 '편지 써볼래요?'가 아니었기 때문입니다. 작가님의 제안은 "수현 님이 마음에 관한 편지글을 써보면 좋을 것 같아요."였고, 저는 편지의 대상이 나와 다른 점이 많은 화라 작가님이길 바랐습니다.

그녀를 처음 본 건 오프라인 모임에서였습니다. 집에서 살림과 육아만 하던 제가, 우연히 모집 글 하나를 보고 무작정 달려갔어요. 가족을 위한다는 명목으로 엄마라는 역할에만 충실했던 탓인지 심신이 지쳐 있었고, 오롯이 나만을 생각하고 나를 위한 시간을 갖고 싶었던 시기였습니다.

그곳에 참석한 사람들은 온라인 리더나 강사 활동을 하며 서로 알고 지낸 듯했어요. 그렇지 않아도 내면이 부스러진 채로 갔던 저는, 분위기에 눌려 더 의기소침해졌죠. 제 눈에 멋있어 보이는 또래 여자 중에서도 화라 님은 특히나 눈에 띄는 사람이었습니다.

키가 크고 시원시원한 이목구비를 가진 그녀는 자신을 '작가'라고 소개했습니다. 평소에 책을 좋아하기도 했고, 언젠가 책 한 권을 써보고 싶다는 소망이 있었던 터라 작가라는 타이틀을 가진 사람을 만난 것만으로도 신기했어요. 그래서 작가인 화라 님이 궁금했습니다.

뒤에 있는 걸 편안해하는 저와 달리 화라 님은 사람들 앞에 서는 걸 좋아했고, 생각이 많은 저와 달리 행동을 더 많이 하는 사람이었습니다. 나 하나 챙기기도 버거운 저와 달리 여러 사람을 두루두루 챙기는 사람이었고, 돌다리를 두드리다 못해 깨부수는 저와 달리 돌다리가 없으면 만들어 건너는 사람이 바로 화라 님이었습니다. 처음에는 작가님으로 궁금했지만, 알게 될수록 '사람 신화라'가 좋았습니다. 달라서 불편하고 싫은 게 아니라 달라서 멋졌고, 달라서 재미있었고, 달라서 오히려 좋은 사람이었습니다.

편지를 주고받으면서 저와는 다른 부분이 많은 사람이라는 걸 더 많이 느꼈습니다. 하지만 덕분에 다름의 미학을 경험했습니다. 다른 것은 또 다른 정답일 뿐 틀린 것이 아니었고, 다른 것 속에서 배울 점은 무궁무진했습니다. 삶을 살아내는 방식은 달라도 삶을 사랑하는 마음은 같았고, 사람마다 서로 다른 힘과 연약함이 있다는 사실도 알게 되었습니다. 그래서 우리에겐 서로가 필요한 것이었습니다.

1년이라는 사계절을 보내며 우리는 서로 마음을 보냈습니다. 계절이 오듯 새로운 마음이 우릴 찾아왔고, 계절이 가듯 왔던 마음도 어느새 흘러갔습니다. 옳고 그른 계절이 없고 좋고 나쁜 계절이 없듯이, 따뜻하고 서늘한 마음 모두 우리의 소중한 마음이었습니다. 쉼 없이 변하는 세상 속에 살면서 수없이 널뛰는 마음을 감당해 내기가 어렵지만, 그 마음을 가끔 누군가와 나눌 수 있다면 변화는 혼란이 아닌 풍경이 될 수도 있었습니다. 편지는 끝났지만, 오늘도 우린 각자의 자리에서 묵묵히 이런저런 삶과 마음을 경험하며 살아갑니다.

왜냐하면, 살아 있으니까요.

2025년 11월
김수현

들어가는 글

수현 작가를 알게 된 것은 어느 마음공부 강의장이었습니다. 노란 탈색 머리를 야무지게 묶어 꽁지가 삐죽 나온 귀여운 인상이었어요. 머리색을 빼면 전혀 눈에 띄지 않을 사람이었죠. 다들 알음알음 아는 사이 같았는데, 수현 작가는 정말 혼자서 낯선 곳에 온 느낌이었어요. 저도 혼자서 강의를 들으러 갔지만, 이름이라도 들어봤거나 한 번쯤 어디서 봤다는 느낌은 있었거든요.

강의가 진행되는 동안 '마음에 대해 이렇게 진심이구나.'라는 사람은 처음이었어요. 같은 공간에 있는 제가 초급 버전이었다면, 수현 작가는 고급 버전인데, 한 공간에서 만났다는 것이 신기했고, 그가 하는 고민들은 제가 생각지도 못했던 철학적인 부분이었습니다. 하나의 일을 두고도 아무렇지 않게 또는 가볍게 지나고 마는 저와는 다르게 꼼꼼하고 심도 있게 살피는 모습이었어요.

강의장에서 한 번씩 보면서 인사만 겨우 하던 우리였습니다. 그런 시간 중 우연히 둘만의 식사 자리가 마련되었고, 완전히 수현 작가에게 빠져들었습니다. 정기적으로 교류하면서 수강료를 내고 싶다는 생각까지 했으니까요. 그런 수현 작가의 글이 세상에 나오길 바라던 중, 누군가와 편지 형식으로 무겁지 않게 마음 이야기를 해주면 좋겠다는 의견을 제안했습니다. 수현 작가라면 그런 이야기를 하는 게 어색하지 않을 테니까요. 그리고 누구보다도 잘할 것이니까요. 그런 글을 보고 싶은 저의 욕심도 있었고, 매일 쓰는 수현 작가의 글이 세상에 나오길 바라는 마음도 있었고요. (이 편지를 진행하면서 수현 작가의 개인 저서가 먼저 나오기도 했습니다) 그렇게 툭 던져준 공이 다시 제게 돌아올 거란 생각은 전혀 하지 못한 채 말이죠.

이런 저의 사심으로 시작된 이 책은 마음과 함께 계절을 담고 있습니다. 누군가의 안부를 물으며 그 계절을 바라보게 되고, 이야기를 나누면서 마음을 살펴보게 됩니다. 봄, 여름, 가을, 겨울 그리고 다시 봄을 지나면서 내 마음을 바라보는 일에 더 단단해짐과 그리 친하지 않던 사람과 조금씩 가까워지는 모습을 볼 수 있습니다. 저 사람들은 어떤 이야기를 나누고, 공명할까 의문을 가지며 읽으셔도 좋겠습니다. 그리고 나라면 저 상황에서 어떻게 할까? 대입해 보면서 함께 마음을 바라보셔도 좋습니다. 서로에게 보이는 전혀 다른 모습의 사람들이 어떻게 그 다름을 인정하고 어울리는지, 겉으로 보이는 모습과 내면의 모습은 또 어떻게 같고 다른지 살피며 읽는 것도 또 하나의 즐거움일 것입니다.

순간 스쳐 지나가는 생각을 붙잡아 다듬어지지 않은 채 '이건 김수현만 쓸 수 있어!'라며 마음 편지를 써달라고 요청한 저의 연락에 고심 끝에 '그럼 같이 하자.'라고 파트너로 삼아주신 수현 작가님께 감사의 인사를 전합니다. 이런 글을 쓰면 좋겠다는 제안을 할 때만 해도 제가 그 파트너가 될 거란 생각을 못 했던 게 사실입니다. 함께 쓸 수 있어서 행복했습니다. 감사합니다.

2025년 11월
신화라

목차

들어가는 글

봄, 시작하는 마음

우리의 글 맞춤에 순수한 기대를 해봅니다 *18*
이것은 잘된 일일까요? *24*
더 많은 이야기를 나누어요 *31*
출렁거리는 마음 *37*
자유롭게 흘러가 봐요 *43*
반가운 마음과 아쉬운 마음 *50*
모든 것이 충분합니다 *56*

여름, 성장하는 마음

그래서 감사했습니다	66
만족하지 않는 나를 만족할래요	72
제 만족은 여기에 있어요	78
변하는 나를 변함없이 지켜보는 내가 있어요	84
어차피 불완전한 사람이라면	90
완벽하지 않지만, 완전합니다	96
또 하나의 세상이 열리게 되었어요	102

가을, 채워가는 마음

기다리지 말고, 만들어 보는 거예요 110
오롯이 나의 선택으로 116
대화를 나누면 얻는 것 121
수현 님 걷기 좋아하시나요? 127
내가 선택한 시간 속에서 132
글쓰기란 개인에게 어떤 의미일까? 138
글쓰기는 나라는 존재를 드러내는 방식 143

겨울, 치유하는 마음

가장 큰 경사와 가장 큰 위기 152
사랑이 우리의 본성임을 기억해요 157
우리는 작년도 지금도 오늘을 살고 있어요 163
미타쿠예 오야신 168
수학 주관식보다 더 어려웠어요 174
되고 싶은 나로 살아가요 179
똥인지 된장인지 185

또 다른 봄, 존재하는 마음

무심하게 사는 연습 *192*

나의 마음은 '지금, 이곳'에 머물러 있습니다 *198*

나가는 글

봄,
시작하는 마음

우리의 글 맞춤에
순수한 기대를 해봅니다

화라 님 안녕하세요. 드디어 오늘은 우리의 첫 번째 글 맞춤 날입니다. 첫 편지를 쓰려고 손가락을 움직인 순간 문득 눈맞춤, 입맞춤처럼 '글맞춤'이라는 단어가 떠올랐어요. 무언가를 맞춘다는 건 아름다운 행위입니다. 서로를 인식해야 하고 호의가 전제되어야 하니까요. 각각의 것이지만 그 방향이 서로를 향하고, 마침내 조화를 이루는 '맞춤'. 우리의 편지(또는 글)가 다정하고 아름다운 주고받음이기를 바랍니다.

본격적으로 편지를 시작하니, 마음이 떨립니다. 제

글쓰기 경험을 고려하면 글을 잘 쓰지 못할까 봐 떨려야 마땅한데, 이상하게 제 마음은 기대로 떨립니다. 왜냐하면 우리가 편지로 어떤 이야기를 나누게 될지 전혀 예상되지 않거든요. 제가 어떤 말을 할지, 화라 님이 어떤 말을 전해주실지, 또 편지를 주고받으며 우리의 관계가 어떻게 변할지, 아무것도 예상되지 않아서 모든 게 기대됩니다.

다만 어떤 대화가 오가든 상관없겠다는 생각과 믿음은 있습니다. 우리는 다른 무엇이 아닌 '마음'이라는 주제로 이야기를 나누기로 했으니까요. 살아가기 바쁜 하루하루지만 함께 마음에 관해 이야기하고, 글로 서로의 마음을 나눈다면 무슨 이야기가 오가든 의미 있을 거예요.

무엇보다 '마음'이라는 단어를 생각했을 때 수많은 사람 중에서 저를 떠올려 주셨다는 사실이 기쁩니다. 왜냐하면 저에게 마음이란 평생의 천적이자 친구이기 때문입니다. 마음 때문에 괴로웠고 마음 덕분에 살아냈던 지난날이 생각나서 눈물이 찔끔 나지만, 이제는 꽤 친구 쪽으로 많이 기울어 편하게 웃을 수 있게 되었네요. 그래서 변화된 지금의 저로서 나누게 될 우리의 글이, 마음이라는 단어와 함께 어떤 리듬으로 춤출지 기대합니다.

기대하는 마음은 어떤 행동을 하는 동력이 될 때가 많아요. 기대되니 이 편지에 애정이 생기고 화라 님의 동태를 이전보다 더 살피게 되었습니다. (화라 님은 그렇지 않나요?) 오늘 SNS에 올리신 루틴 영상을 보며 '아, 화라 님은 글쓰기 시동을 저렇게 거시는구나.' 하며 저 혼자 한 발짝 친해졌습니다. 아직 현실에서는 아무 일도 일어나지 않았는데도 기대한 덕분에 이미 내적 가까움을 만들어 냈어요. 기대는 참으로 유용합니다. 살다 보면 가끔은 기대의 그림자인 실망을 만날 때도 있지만, 그래도 저는 마음껏 기대하며 살고 싶습니다. 그렇게 사는 편이 살아 있는 기분을 더 생생히 느낄 수 있으니까요.

오늘은 동네 근처의 한 카페에 왔어요. 언젠가 한 번은 가려고 눈여겨 봐 두었던 카페였는데 막상 직접 와보니 실망스럽네요. 방문 전에 SNS 후기를 여러 개 살펴보고 왔는데도 실패했습니다. 사람들이 올려

둔 후기에는 빵을 직접 만들어서 파는 카페고, 눈치 보지 않고 공부할 수 있는 조용한 카페라고 소개되어 있었어요. 하지만 말처럼 좋은 곳은 아니었습니다. 카페는 기대와 다르게 썰렁했어요. 군데군데 곰팡이 자국이 보이고 가게에 놓인 작품들은 큐레이팅이 전혀 되지 않은 채 아무 데나 놓여 있었고요.

아, 지금 다시 생각해 보니 제 마음대로 상상했네요. 저는 그 글들을 보고 '따뜻하고 포근한 분위기'라는 이미지를 떠올렸어요. 맛있는 빵과 차가 있고, 책을 마음껏 볼 수 있는 곳이라면 당연히 그런 분위기일 거로 생각한 거죠. 이 세상에는 '당연히'라는 건 존재하지 않는다는 걸 또다시 체감합니다.

저의 기대와 전혀 다른 카페를 보면서 처음에는 원망하는 마음을 만났어요. 나의 소중한 시간을(오랜만에 갔던 카페였고 다른 데 가려다가 생각나서 애써 발길을 돌렸거든요) 투자했는데 그 시간을 성공적으로 만끽하지 못했다는 생각이 들면서 불만족스러웠죠. 그다음에는 후기 남긴 사람들을 원망했어요. 다른 사실들은 쏙 빼놓고 왜 좋은 것만 적어놓은 건지 이해가 가지 않더라고요. 장점도 있지만 단점도 뚜렷한 곳이어서 그

부분들을 거론할 만한데 말이죠. 저를 속였다는 기분까지 들더군요.

그런데요. 마지막에는 이 모든 생각을 날려버렸습니다. '만약 내 기대가 없었다면?'이라는 한 줄의 질문을 저에게 던져보았거든요. 제 개인적인 기대가 없었다면 여기는 실제로 빵을 팔았고, 조용하긴 해서 공부하기 좋은 곳이었어요. 마음대로 기대했던 공간의 따스함이 나를 불만족의 세상으로 집어넣었다는 걸 뒤늦게 깨달았습니다.

그건 대체 누가 만들어 낸 불만족일까요? 카페일까요? 후기 글일까요? 당연히 저겠죠. 기대하는 바와 대비하는 불만족. 그건 사실이 아니라 해석입니다. 그런데 나의 불만족을 기대 탓이 아니라 세상 탓으로 돌렸습니다. 역시 남 탓이 가장 쉽습니다. 사실 그대로 바라보면 나의 불만족은 온데간데없어져야 하고 내 기분을 바꿔야 해요. 그건 하기도 싫고 어렵잖아요. 아마도 우린 많은 순간 이렇게 살고 있을 겁니다.

기대가 잣대가 되면 기대의 본질은 흐려집니다. 그

불만족이 마음의 문을 닫아버리니까요. 기대란 오직 마음을 열기 위해 써야 합니다. 우리의 글 맞춤에 순수한 기대를 해봅니다. 대가 없이, 바람 없이, 재미있는 시간을 만들겠다는 책임 있는 기대를요.

몽글몽글 피어난 구름 위를 걷는 듯한 우리의 설레는 첫걸음을 기념하며 부석순의 「자꾸만 웃게 돼」라는 노래를 선물합니다. 편지 받을 생각을 하니 자꾸 피식피식 웃음이 납니다. 어떤 이야기가 담겨 있던 화라 님의 첫 글은 제게 선물이겠습니다.

두근대는 마음을 따라
너에게 가는 나의 발걸음은
마치 구름 위를 나는 듯해
꿈속의 언젠가처럼

-부석순, 「자꾸만 웃게 돼」

이것은 잘된 일일까요?

수현 님 안녕하세요.

첫 번째 편지 반가운 마음으로 잘 읽었습니다. 누군가에게 편지를 받는다는 것, 그 매개체가 이메일이라는 것은 참 오랜만이었어요. 20대 초반 친구들과 이메일을 주고받는 일을 즐겨 했지요. 문자로 소통할 수도 있었지만 이메일만의 감성이 있잖아요? 한메일, 야후가 활발하던 시절의 기억과 감성. 이번 편지는 그 이후 처음으로 받아본 이메일 편지라는 것을 알았답니다. 기억의 한 편에 밀려났던 약 20여 년 전의 장면을 떠오르게 해줘서 고마워요.

저는 커피를 좋아합니다. 처음 가는 카페도 신중하게 골라보는 편이에요. 카페를 하는 지인에게서 들은 이야기로 '그 집(카페)의 커피 맛이 괜찮은지 보려면 라테를 마셔봐야 안다.'라는 말을 기준으로 삼아요. 라테를 좋아하기 때문에 그 말을 기준으로 삼고 싶은지도 모르겠습니다. 라테를 시켜서 한 모금 맛보는 순간, 재방문 의사가 있는지, 없는지 결정됩니다. 그렇게 제가 두 번 이상 가는 곳은 커피 맛이 훌륭하다는 증거죠. 건강 검진에서 만성 위염이라는 결과를 받았어요. 그렇게 위가 약하면서도 커피를 마시고 싶어 우유가 섞인 커피를 선택했어요. 카페에서 마시는 아메리카노는 어쩐지 속이 쓰리고 심장도 벌렁거리거든요.

시나몬 향을 느끼고 싶은 날에는 카푸치노를, 보통 날에는 카페라테를 마시는 것이 제 카페 메뉴의 루틴이에요. 커피를 좋아하는 만큼 카페도 신중하게 가는데요, 커피 맛과 분위기, 말로 표현할 수 없는 그 장소와 나의 교집합 등을 기대합니다. 그러기에 수현님이 기대를 하고 간 카페가 조금 실망스러우셨다니 저도 함께 아쉬운 마음이 들었답니다. 그런 수현 님의 첫 번째 이야기를 읽어보면서 저는 어떤 이야기를 전할까 고심했어요. 고민도 잠시, 오늘 제 둘째 아이가 이야깃거리를 만들어 주었어요.

오늘은 제가 주최하는 오일파스텔 수업이 있는 날입니다. 직접 강사님을 섭외하고, 참여자를 모집했지요. 수업이 열리는 센터와 친정은 10분 정도 걸리는데요, 얼마 전 엄마가 좋아하는 여수 갓김치를 선물받아 잠시 친정에도 들러야겠다는 생각을 했어요. 그렇게 수업을 진행하고, 오시는 분들과 점심까지 먹을 생각을 하니 며칠 전부터 마음이 설렜습니다. 오랜만에 만나는 사람도 있었거든요. 좋아하는 그림을 그리고 보고 싶은 사람들과 시간을 보낸다니, 게다가 가는 길에 친정도 들를 테고요.

그런데, 어제 오후부터 중학교 1학년인 둘째 아이의 몸 상태가 좋지 않았습니다. 기침이 점점 심해졌고요. 열도 나는 것 같았습니다. 잠들기 전에 체크해보니 38도가 넘었어요. 아, 이건 다음 날 아침에 바로 병원에 가야 한다는 신호죠. 오늘 아침에 다시 아이의 상태를 체크했어요. 가장 중요하고 급한 일은 아이와 병원을 가는 일이 됐어요.

급하게 플랜 B를 실행시켰어요. 아니 플랜(계획)은 미리 세우는 것이니, 응급 처치라고 할까요? 먼저 센터에서 가장 가까운 곳에 계시는 분께 연락을 드렸어요. 조금 일찍 가서 문을 좀 열어달라고 부탁을 드렸고요, 강사님께도 제가 못 가는 사정을 말씀드렸어요. 그리고 아이와 함께 병원으로 갔지요. 아동 병원이라 의사가 5명이나 있었고, 저는 접수하면서 제일 빨리 진료를 볼 수 있는 곳으로 요청했어요. 기다리는 동안 들고 간 책을 읽었고요. 월요일인데도 생각보다 붐비지 않았어요. 의사가 많아서 그런지 진료도 빨리 마쳤어요. 아이는 감기로 진단을 받았지만, 열이 나면 내일 다시 병원으로 오라고 하네요. 지속적인 고열이 아니라며 바로 코로나 검사를 안 하더라고요.

아이를 집에 데려다 놓고, 점심 먹을 때 오겠다며 짐을 챙겨서 나갔습니다. 곧장 친정으로 가서 냉장고에 갓김치를 넣어두었고요. 센터로 갔어요. 도착하면 약 40분 정도 수업 시간이 남을 것 같았거든요. 도착해서 안부를 전하고, 잠시나마 얼굴들을 보고 집으로 돌아왔습니다.

시간이 좀 아쉽긴 했지만, 오늘 제가 계획한 일은 다 했어요. 게다가 아이 병원까지 다녀왔고요. 이것은 잘된 일일까요, 속상한 일일까요? 제가 직장에 다니면서 아이가 아팠다면, 아이에게 제가 퇴근할 때까지 또는 남편이 퇴근할 때까지 집에서 쉬고 있으라고 했을 것 같아요. 요즘은 야간에도 달빛어린이병원*은 11시까지 운영을 하니까요.

오늘 제가 잠시 자리를 비운 사이 아이는 '게임을 실컷' 할 수 있겠다며 좋아하더라고요. 아이가 견딜 만한 거였겠죠? 예전에는 일정에 변수가 생겼을 때, 계획이 틀어진 거라 생각을 했어요. 내 삶에 방해가

---

* 달빛어린이병원 제도는 응급실에 가지 않고도 평일, 야간, 휴일, 소아 경증환자에게 외래 진료를 통한 평일은 밤 11시~12시, 주말과 공휴일은 오후 6시까지 만 18세 이하 환자에 대한 진료 서비스를 제공하기 위해 도입된 제도다.

된다는 생각도 했고요. 지금 돌아보면 마음에 여유가 참으로 없었구나, 라는 생각이 듭니다. 무엇에 그리 쫓겨서 살고 있었는지 잘 기억나지도 않네요. 내가 하고 싶은 것을 '못 한다'라는 것에 집착해서 스트레스를 만들고 마음을 혹사시켰던 것 같아요. '화병이 이래서 생기나 보다.'라고 느끼기도 했으니까요.

외부 일정을 마치고 돌아오면서 아이에게 점심으로 뭘 먹고 싶은지 물어보았습니다. 아이는 '뜨끈뜨끈한 떡볶이'가 먹고 싶다고 하네요. 마침 집에 있던 떡볶이 밀키트를 만들어 먹기로 했습니다. 아이와 전화를 끊고 집으로 가는 길, 라디오에서 마침 수현 님께서 편지에 적어주신 부석순의 노래가 흘러나왔어요. '아, 오늘 편지를 써야겠구나.'라는 신호로 받아들였답니다.

집으로 가는 동안 많은 신호를 만났어요. 빨간불에 서고, 내 앞의 빨간불이 곧 초록불로 바뀌면서 나는 앞으로 나아갔어요. 신호등처럼 내 삶도 잠시 멈추고, 기다리고, 앞으로 가는 일이 반복되는 게 순간 재미있게 느껴졌어요. 빨간불에만 집착하는 사람이 되지 말자. 저에게 말했습니다.

수현 님에게도 빨간불과 초록불이 있나요?

더 많은 이야기를 나누어요

첫 번째 편지 잘 받았습니다. 덕분에 편지 받은 그날은 설렘과 들뜸으로 하루를 즐겁게 보낼 수 있었어요. 약 20년 만에 누군가와 메일을 주고받는다는 말씀에 저의 과거를 회상해 보기도 했고요.

저는 초등학교 5학년 때 전학을 갔었는데요. 친했던 친구와 헤어진 게 아쉬워 2년간 열심히 편지를 주고받았어요. 그러다가 중학생 때 집에 컴퓨터가 생기면서 그 친구와 처음으로 이메일을 주고받기 시작했어요. 그땐 그게 어찌나 신기하던지요. 매일 우편함을 뚫어지게 쳐다보면서 친구의 편지가 언제쯤 도착

하나 손꼽아 기다렸었는데, 이메일로 보내면 편지를 보내자마자 친구가 받을 수 있다는 사실이 정말 신기하더라고요. 그것만으로도 놀라운 일인데 이제는 문자 메시지와 SNS까지 생겨나고, 세상이 이렇게 급변할 줄은 상상도 못 했던 것 같아요.

그러고 보니 예전보다 살기는 참 편리해졌지만 '기다림'이라는 아름다운 단어는 이제 어디에서 배워야 하나 싶네요. 기다림이야말로 마음의 크기를 키워나갈 훌륭한 질료인데 말이죠. 손 편지까지는 아니더라도 이메일이라는 조금 느린 도구로 기다림을 만들고 설렘을 느낄 수 있는 이 경험과 인연에 감사합니다.

아들 감기는 이제 다 나았겠죠? 아이도, 엄마도 고생했겠어요. 자라면서 아프지 않고 클 수는 없겠지만, 아이가 아프면 부모의 마음은 어쩔 수 없이 속상해집니다. 일상이 틀어지면서 더 많은 에너지를 써야 하고 아픈 아이를 보는 것도 힘들고요. 그럴 땐 차라리 내가 대신 아팠으면 좋겠다, 싶기도 하더라고요. 아이가 다 낫고 나면 마지막엔 꼭 엄마가 아프던데. 괜찮으셨나요? 부디 무탈하게 지나가셨기를 바랍니다.

편지를 나누면서 아이 키우는 이야기까지 나눌 수 있어서 좋네요. 제 아들과 화라 님 아들 이름 세 글자가 모두 같았죠? 정말 신기합니다. 아들의 이름 석 자가 같은 엄마와 주고받는 편지라니. 저는 이 모든 게 우연이 아닌 것 같아요. 어쩌면 필연이라고 생각하고 싶어서 그렇게 말하는 것인지도 모르겠습니다. 새로운 관계가 생기고 마음을 나누고 싶은 사람과는 어떻게든 비슷한 점을 찾으려고 하는 게 사람 마음이니까요. 하나의 연결 고리라도 더 만들어 내려고 하잖아요. 가깝게 느껴져서 가까워지는 게 아니라 가까워질 수 있는 부분을 찾아서 가깝게 만드는 노력이 관계를 아름답게 만드는 숨은 마음입니다. 한 사람이 다른 한 사람에게 그런 마음을 만들고 쓴다는 것 자체가 의미 있고 멋진 일 같아요. (갑자기 이 시점에서 남편이 떠오르는 건 왜일까요? 그 관계 또한 나의 선택과 노력이었다는 걸 잊지 말아야겠습니다)

신호등을 보며 빨간불에만 집착하는 사람이 되지 말자고 스스로 말하는 화라 님을 보면서 이제는 빨간불을 그만 사랑하자는 말을 저에게 살포시 건네봅니다. 저는 많은 순간 초록불을 피하고 싶어 하는 사람이었습니다. 신호등에 다가갈 때 보이는 초록불을 싫어합니다. 뛰기 싫거든요. 차라리 정확한 빨간불이면 쉬면서 기다리면 되는데 애매한 초록불에는 짜증이 납니다. 그래서 충분히 뛸 수 있는데도 포기하고 기다리는 경우가 90% 정도 됩니다. 뛰는 것보다 기다렸다가 늦게 가는 게 훨씬 마음이 편하거든요.

그런데 얼마 전부터는 그냥 냅다 뛰기 시작했어요. 단 몇 초가 남아 있더라도 그 안에 분명히 도착할 수 있겠다는 판단이 들면 에너지를 끌어올려서 뛰어보려고 해요. 인생도 마찬가지고요. 그동안은 힘든 게 싫어서 원하는 마음도 만들지 않고 살았어요. 지금에 만족한다는 거짓말을 스스로 한 셈이지요. 사실은 도전할 용기도 없고 뻔히 보이는 힘든 여정을 가고 싶지 않았던 마음이 큽니다. 가끔은 열심히 뛰는 사람을 보며 속으로 비아냥거리기도 했어요. 뭣 하러 굳이 저렇게 아등바등 사냐며 욕심 많고 만족할 줄 모르는 사람으로 치부하기도 했죠. 그런데 알고 보니 모두 내 마음 편안하게 하려고 했던 생각이었더라고요. 내가 저만큼 열심히 하기는 싫으니 열심히 하는 사람을 보며 부질없음을 만들어 낸 거죠. 그래야지 지금 가만히 있는 내가 정당화되니까요. 참 비겁했어요. 나 자신에게요. 저에게는 힘들 자유를 주지 않았어요. 힘든 게 싫어서 무언가를 원하는 마음도 만들지 않았다는 걸 늦게 깨달았습니다. 이제 초록불은 저를 불편하게 하는 압박이 아니라 소중한 기회입니다.

과거 친구 이야기, 가족 이야기, 신호등을 보며 떠올린 일상의 이야기. 편지를 주고받은 덕분에 혼자라면 하지 않았을 여러 생각과 이야기를 만나게 되네요. 삶을 살아가면서 서로의 이야기를 나누는 건 유익한 일입니다. 내가 경험하지 않은 일인데도 많은 부분 공감하고 비슷한 경험을 떠올려 볼 수 있으니까요.

우리 모두 자신의 이야기를 더 솔직하고 편하게 할 수 있어야겠습니다. 자랑스러운 이야기, 성공한 이야기만이 아니라 진솔한 생각과 마음을 담은 소소한 이야기들, 살아가면서 너도나도 언젠가 한 번쯤은 경험했을 법한 일상의 마음들을 말이에요. 화라 님과 나누는 우리의 편지가 그런 이야기이길 바랍니다.

삶의 빛과 어둠 그리고 중간 회색 지대에 있는 그

모든 이야기를 나눌 수 있었으면 좋겠습니다. 나를 위해 서로를 위해 우리 더 많은 이야기를 나누어요. 건넨 이야기가 서로에게 공감을 불러일으키고 다시 스스로와 공감하게 될 테니까요.

다음 편지에 또 뵐게요.

출렁거리는 마음

열어보는 메일은 언제나 설렘이 가득합니다. 어떤 내용이 기다리고 있을지 말이죠.

아차, 그런데 답장이 계속 늦어지면서 메일을 기다릴 수현 님의 모습이 그려졌어요. 뭐가 이렇게 정신없이 바쁜지 모르겠습니다. 그렇지만, 의무감으로 아무렇게나 적어서 보내고 싶진 않았어요. 아무도 없을 때 읽어보고 싶고, 아무도 없을 때 쓰고 싶은 편지거든요. 학창 시절 친구에게 조그마한 쪽지만 받아도 그런 마음인데, 하물며 수현 님과의 이메일 편지인걸요! 조금 늦어도 마음의 여유가 있을 때가 편지 쓰기 가장 좋은 날일 것 같다는 핑계 같은 이야기를 덧붙이며 오늘 약간의 여유를 가져와 이렇게 한 글자씩 꾹꾹 눌러쓰고 있어요. (비록 펜글씨는 아니지만 키보드를 꾹꾹 눌러쓰는 느낌도 비슷하겠죠?)

3, 4월은 코로나와 감기로 보냈네요. (수현 님도 감기 조심하세요) 갑자기 목소리가 쉬어버리는 불상사도 생겼어요. 강의도 잡혀 있었는데, 전날 늦은 밤부터 목이 쉬어버려 어쩔 수 없이 진행했어요. 수강생분들이 양해를 해주셔서 낮은 목소리였지만 무사히 마칠 수 있었답니다. 이렇게 감기 때문에 목이 쉬어본 기억이 없어요. 거의 처음인 듯합니다. 이제 목소리도 90% 이상 돌아와서 참 다행이다,라고 생각할 찰나 새로운 사건이 벌어졌어요.

집에 자동차가 두 대 있습니다. 하나는 2007년식 아반떼이고요, 하나는 2019년에 새로 온 니로 전기차예요. 큰 탈 없이 두 대를 남편과 번갈아 가며 쓰고 있었어요. 지난 금요일에는 센터에 출근해야 하는 날이었습니다. 조금 멀리 가는 사람이 전기차를 사용한다는 남편과 저만의 룰이 있는데요. 그래서 그날은 제가 전기차를 이용할 차례였습니다. 전날 밤 충전기를 꽂아놓고 충전을 시켰어요. 밤새 충전이 되면 보통 그다음 날 오전에 충전기를 뽑고 주행을 시작하면 되거든요. 그런데, 일찍 나가서 차량을 살피던 남편이 충전기가 안 빠지니 잘 살펴보라는 말을 전하고 서둘러 출근했어요.

조금 일찍 외출 준비를 끝내고 차량에 탑승했어요. 차에 짐을 싣고, 충전기를 분리했어요. 아까 남편이 충전기가 빠지지 않는다고 했는데, 정말 제 몸무게를 다 실어도 차가 흔들릴지언정 충전기는 차에서 떨어지지 않았어요. 이대로는 전혀 움직일 수 없는 상태라는 사실에 뱃속에서 묵직한 것이 올라오는 걸 느꼈어요. 그렇게 오전 9시 30분부터 오후 3시 30분까지 정말 많은 사람을 만나야 했어요. 보험사, 견인 업체, 기아차 서비스, 전기 충전기 업체, 고객 센터……. 전화 통화도 많이 했고, 차량 내부도 계속 지켜봐야 했고요.

관련 업체 사람들이 번갈아 오면서 점심도 못 먹었고, 커피도 한 잔 못 했더라고요. 약간의 감정이 올라오고 있는데, 고객 센터에서는 제가 알 수 없는 용어로 이야기를 계속 쏟아내고 있었어요. 그런 저를 보면서 '아, 감정이 많이 올라왔구나.'를 느꼈어요. 그 감정을 지켜보면서,

"음, 죄송하지만, 무슨 말씀이신지 정확히 이해가 가지 않아요."

라고 두 번이나 이야기한 것 같네요. 그렇게 한 번 출렁거리는 마음을 느끼고 여러 번의 시도 끝에 6시간 만에 정비소에서 정비 신청서를 작성하고 오는 길은 어찌나 가볍던지요.

모든 과정이 끝나고 왜 나의 마음이 출렁거렸는지 살펴보았어요. 먼저, 충전기가 뽑히지 않는 상황은 그대로 인정. 보험회사 출동 서비스를 부르면 바로 해결될 거라 생각했고, 그다음 기아 고객 센터 기사님이 해결해 주실 거라 간단하게 생각했던 거죠. 그런데 상황은 계속 더 꼬여만 갔어요. 견인 업체 사장님 부부가 오셔서 "견인하기 제일 힘든 차량이 외제

차와 전기차예요."라고 말씀해 주셨지요. 과정이 제가 생각한 만큼 간단하지 않았던 게 마음을 점점 불편하게 만들어 갔네요. '왜 안 된다고 하지? 그럼 또 누구에게 요청을 해야 해?' 그런 마음과 함께 오늘 계획한 일을 진행하지 못했다는 사실도 마음을 불편하게 만들었어요. 완벽한 계획형 인간은 아니지만, 일정을 짜면서 기대와 설렘이 있었던 일이었기 때문이죠. 그날 계획했던 일은 저녁부터 다음 날 하루 종일, 또 그다음 날 일요일 밤까지 처리해야 했어요. 결론은요? 모두 다 잘 마무리되었답니다.

이번 일을 토대로 저에게 토닥거려 주고 싶은 부분은, 예전보다 감정이 덜 출렁거린다는 점이에요. 약간 그런 거 있죠? 바다나 워터파크에 가면 파도를 탈 수 있잖아요? 파도가 오는 걸 미리 알고 파도를 탈 준비를 하고 있는 것 같은 마음. 출렁거리겠네, 한 번 꿀렁 하겠네, 알고 파도를 타는 거 말이죠. 예전의 마음은 '파도가 쳐서 옷을 다 버렸어, 기분 나빠.'라든지, '바닷물이 짜서 너무 싫어.'라고 하면서도 그대로 바닷물에 몸을 담그고 있는 상태였어요. 하지만 이번 일은 예전과는 다른 나의 감정과 마음을 보게 된 일이었어요.

전기차가 없어서 아반떼를 타고 전라도로 강의를 가야 했어요. 오래된 차라서 남편은 좀 걱정이 되는지, 왕복 운전을 해주겠다고 따라나섰어요. 덕분에 저는 오히려 편하고 덜 피곤하게 다녀올 수 있었어요. 또 생각보다 빨리 차 수리가 끝나서 4일 만에 차를 탈 수 있게 되었어요. 그것도 좋은 일이네요.

수현 님은 어떤 파도를 타고 계신가요? 제 예상으로는 파도를 즐기실 것 같은데, 높은 파도는 어떻게 잘 타고 계신지도 궁금해집니다. 수현 님의 파도타기 비법을 알고 싶어요. 알고 보면 숨은 서핑 고수일지도 모르겠네요.

자유롭게 흘러가 봐요

어느덧 5월입니다. 주어진 하루하루를 열심히 의식하며 살았는데도 돌아보면 항상 '어느덧'이라는 단어를 떠올리게 되네요. 작은 것들의 합은 이토록 대단합니다. 1초가 모여 1분, 1분이 모여 1시간, 차곡차곡 모여서 어느덧 올해도 5개월이라는 거대한 시간이 만들어졌어요. 이미 지난 과거뿐만 아니라 현재인 지금도 미래에는 '어느덧'이 될 그 작은 시간을 쌓고 있다는 사실을 기억해야겠습니다.

모든 인간이 매일 공평하게 받는 선물이 시간이라고 했던가요. 매일 손에 쥐어 넉넉히 내 것인 줄 알았던 시간이, 사실은 금방 빠져나가고 말 잠깐 손에 쥔 모래알이었다는 것을 깨닫습니다. 아쉽고 소중한 시간입니다.

이번 주에 동네를 산책하며 알게 된 사실이 있어요. 나무의 잎들은 5월의 시작 무렵부터 녹음이 짙어진다는 것을요. 성장세도 어찌나 가파른지요. 어제의 산책길에는 없던 무성함을 오늘의 산책길에서 만납니다. 강한 푸르름은 7, 8월인 완연한 여름의 것으로만 생각했습니다. 햇볕이 쨍하고 무더운 여름이 되어야 식물들이 푸를 수 있다고 생각했지요. 돌이켜 보면 학창 시절 봄날에 그린 제 그림 속의 나무는 늘 연두색이었습니다. 제대로 바라보고 그린 게 아니라 머릿속 생각으로 그린 그림이었던 거죠. 자라나는 새싹들, 피어나는 것들은 아직 제대로 된 초록색이 아닐 거라는 착각으로 말이에요. 24절기 중 일곱 번째 절기인 입하(立夏)는 5월 5일입니다. 5월이 되면 산과 들에 신록이 일기 시작하며 여름이 되었음을 알리죠. 이미 여름에 들어섰는데 우린 한 발짝 느린 감각 속에서 완성된 봄이라 착각하며 사네요. 자연을 제대로 만나는 것에도 관심과 노력이 필요합니다.

20대 때는 꽃을 싫어했어요. 엄마들의 휴대 전화 사진첩 속에는 왜 온통 꽃과 나무들뿐인지 이해가 되지 않았습니다. 잠깐 피었다가 지고 마는 꽃과 그게 그것 같아 보이는 나무들은 제 관심을 끌지 못했지요. 하지만 지금은 자연 사진 찍기가 이해를 넘어 당연합입니다. 사진첩을 들여다보고 자연 사진이 없으면 마음이 섭섭해져요. 나무, 꽃, 새, 노을, 하늘. 모두 제각각 아름답습니다. 세상일에 역정을 내다가도 자연과 연결될 때는 언제 그랬냐는 듯 순수함이 밀려와요. 자연이라는 멋진 선물이 내 삶과 늘 동행하고 있었는데도 있는 것을 없게 둔 채 보낸 시간이 많아요. 이제라도 마음껏 누려야겠습니다.

화라 님 편지를 읽으며 제가 겪지도 않은 일인데 스트레스를 받았습니다. 자동차 정비 과정을 담담히 적어놓으셨지만 상상해서 떠올려 보니 순간순간 답답함이 느껴지더군요. 이것만 넘기면 될 줄 알았는데 넘어야 할 게 또 나타났을 때 오는 불편함. 앞에 잘 넘어간 그 힘은 어디로 가고 짜증과 불쾌함이 밀려옵니다. 빨리하려는 마음, 쉽게 하려는 마음, 당장 끝내려는 마음. 그런 마음이 몸을 가두고 멈춰 서게 하지요. 말씀하신 것처럼 인생은 끝없이 밀려오는 파도의 연속인데 왜 자꾸 파도가 치냐고 팔을 휘젓습니다. 그러다가 낙담해서 파도에 뺨을 맞으며 살아가기를 선택하기도 하고요. 복근에 힘 빡 주고 달려오는 파도를 째려보면서 꿀렁~

의연하게 파도를 탈 수 있는 우리가 되면 좋겠는데 말입니다.

고백하건대, 저는 인생 서핑 고수이기는커녕 물에 들어가기도 싫어하는 사람이었습니다. 마르고 뜨겁더라도 아무 일도 일어나지 않는 모래사장이 훨씬 좋았어요. 제가 사는 곳인 부산에는 바다에서 서핑하는 사람들이 꽤 많아요. 특히 광안리나 송정은 과거의 모습이 생각나지 않을 정도로 서핑하는 분들이 많지요. 해변에 앉아 아이들이랑 두꺼비집을 만들고 있으면, 자연스럽게 서퍼들이 풍경 속에 담깁니다.

서핑을 해보지 않아서 서프보드로 파도를 타는 게 어떤 기분일지 궁금하기는 합니다. 수십 번, 수백 번 넘어지면서 보드 위를 오르고 또 오르는 그들을 보면 대단하다는 말이 절로 나오게 되어요. 그런데 또 한편으로는 이런 생각도 듭니다. '저렇게 오르기 어려운 걸 왜 타는 거지?'라고 말이죠. 보드에 오른다고 오래 탈 수 있는 것도 아니고 잠깐 타고 떨어지고, 겨우 파도 몇 번 타다가 또 빠지고. 그 모습을 지켜보는 저까지 힘이 들더라고요. 해보지 않아서 잘 모르겠지만, 아마도 물아일체(物我一體)를 맛보는 경험이지 않을까 싶습니다. 드넓은 바다에서 마음껏 움직이는 자유, 온몸이 빈틈없이 물과 만나는 안온감, 거침없이 들이치는 파도를 거슬러 보드 위에 올랐을 때 느끼는 성취감. 땅 위에서는 맛볼 수 없는 불안정 속의 행복이 분명히 있어 보입니다.

안정 주의자인 저는 고난이라는 거친 파도가 싫어서 인생이라는 바다로 나갈 마음을 먹지 못했어요. 아무것도 모르던 어린 시절 모래사장 위에서 해맑게 놀고 있는데 그때 파도가 뭍까지 들이닥친 겁니다. 작은 파도가 아니라 태풍과 함께 찾아온 해일 같은 파도요. 가족의 죽음, 가난, 잦은 불행. 그런 것들이 제겐 인생의 파도였습니다. 삶의 큰 파도를 여러 번 만나고 나니 이젠 발끝에 닫는 작은 파도조차도 견디지 못하게 고통스러워하는 제가 되어 있더라고요. 분명 꽤 많은 파도를 막아내며 살았는데도 파도를 이겨내는 단단한 마음보다는 안전한 곳으로 도망치고 싶어 하는 마음이 가득 남은 것 같아요. 그러니 파도를 타볼 작정은 해볼 수가 없었지요. 그래서 제게 인생은 도전이기보다는 늘 '도망치기'와 '버티기'였습니다.

하루의 시간으로 제 삶을 측정한다면 지금은 오전 11시쯤 되었을까요? 이제는 파도를 탈 수 있는 남은 시간이 소중해집니다. 겁이 많아서 오전 시간을 많이 흘려보냈지만, 이제라도 보드를 끌고 파도를 타러 나가볼까 합니다. 꿀렁~ 단 한 번이라도 보드에 올라 파도를 탈 수 있다면 기쁠 것이고, 그렇지 못하더라도 바다에서만 만끽할 수 있는 행복이 분명히 있을 테니까요.

오늘은 유다빈밴드의 「항해」라는 노래를 추천합니다. 우리 함께 파도를 타고 자유롭게 흘러가 봐요. 엄마의 품처럼 드넓은 바다가 우리를 어디로 데려다줄지 모르니까요.

이제야 마주한 꿈의 대양
춤을 추듯이 흘러가 보자.

-유다빈밴드, 「항해」

반가운 마음과 아쉬운 마음

5월 5일이 입하(立夏)라고 알려주셔서 다시 달력을 봤습니다. 제게는 어린이날이기만 했던 그날이 여름의 시작이며, 산과 들이 마치 색상표 위에 있는 저마다의 초록으로 물드는 시기라고요. 그렇게 5월의 짙어지는 초록을 이야기하시니, 제가 본 초록도 생각이 나네요.

올해는 유난히 제가 사는 곳에서 서쪽으로 강의를 다니게 되었어요. 전남으로 강의를 가는 길은 생소한 곳이 많았어요. 도시를 지나 어딘지도 모르는 곳에 접어들 즈음 짙은 초록과 밝은 연두가 조화를 이루는 산을 만났어요. 명암이 선명하게 어우러지는 초록의 조화를 보며 감탄했습니다. 신기하기도 했고요, 아름답다는 말이 어울리기도 했지요. 어떻게 연한 연두와 짙은 초록이 저렇게도 조화로울까. 그림을 그릴 때 연한 바탕 위에 짙은 색을 콩콩 찍어 명암을 주듯이, 수채화보다 더 아름다운 그림이었습니다.

저는 '전남의 산이라 그런가 보다, 우리 지역과 나무 분포가 달라서 이렇게 생소하게 보이겠지?'라는 생각을 했죠. 그런데 이후 우리 지역에도 같은 풍경이 보이는 거예요. 이건 뭐지? 지역이 달라서가 아니라 이 시기에는 다 저렇게 보이는 건가? 당황했습니다. 그도 그럴 것이, 산의 다양한 초록을 그렇게 눈에 차도록 본 일이 별로 없었기 때문이죠.

나이가 들어가면서 자연이 좋아진다고 말씀하셨죠. 자신의 사진첩에 꽃, 나무, 자연이 많아지면 나이가 들어가는 거라는 주변의 이야기를 들었어요. 마치 엄마의 핸드폰 속에 있는 사진처럼 말이죠. 참 이상하게도 어디선가 눈에 계속 담고 싶은 꽃이나 자연 풍경이 있으면, 자연스레 핸드폰을 꺼내 사진을 찍습니다. 내 눈으로 보는 것만큼 카메라에 담을 수는 없지만. 두고두고 보고 싶은 마음, 그 자체만으로도 기쁘고 아름답다고 느끼는 마음 때문에 말이죠. 서쪽으로 달리며 만났던 산도 다양한 초록을 품은 채, 제 사진첩에 남아 있답니다. 그런 저도 나이가 들어가는 모습입니다.

코로나가 한창일 때, 병원에서 일을 하고 있었어요. 비교적 코로나의 위험이 크지 않은 동네 의원이었지만, 병원이라는 장소이기에 이런저런 제약이 많았죠. 사람들 모두 서로를 만나는 일에 조심스러웠던 시기였잖아요. 독서 모임 등 사람을 만나면서 에너지를 얻는 저였기에, 그런 모든 일정이 취소되고 퇴근 후 바로 집에 가야 하는 일상이 그렇게 답답할 수가 없었어요. 저뿐만 아니라 모든 사람이 그런 상황이었으니 저는 제가 숨 쉴 수 있는 다른 탈출구를 자연스레 찾게 되었지요.

보통 점심 식사 후 약 50분의 시간이 남았어요. 그렇게 남은 점심시간에는 주로 병원 안에서 휴식하거나 책을 읽었는데요. 어느 날부터인가 좀 걸어야겠다는 생각을 했어요. '광합성을 하자!'며 한낮의 햇볕도 쐬고, 소화도 시키고요. 당시 병원 근처는 시장도 있고, 주택가도 있었는데요. 저는 특히 골목이 좋았어요. 새로운 길에 가보는 것을 흥미로워하는 편이라 겁 없이 사람이 없는 골목골목을 다녔지요. 점심시간이라는 시간 제약이 있어서 병원에서 멀리 떨어진 곳은 갈 수 없었지만, 작은 동산과 연결된 골목, 따뜻한 벽화가 그려져 있는 골목길도 만나면서 재미있고, 기쁜 마음, 아실까요?

더 가보고 싶지만 시간에 쫓겨 '다음에는 동산에 올라가 봐야겠어.'라며, '이 길 너머에는 어떤 동네가 나올까.', '어디로 연결되는 길일까.', '벽화는 누가 그렸을까, 벽화가 없었을 때 이 길의 모습은 어땠을까?' 곳곳에서 만나는 길을 보면서 혼자서 생각하고 머릿속으로 지도를 그려보기도 했어요. 궁금증을 풀기 위해서 지도 앱을 켜보기도 하고, 쉬는 날 한번 가봐야겠다는 생각도 하고요.

항상 다니던 길만 다니다가 모르는 길을 알게 되었을 때, 반가운 마음과 약간의 아쉬움도 남아요. '왜 이제야 이 길을 알았을까!'라는 반가운 마음과 그 길을 만나는 동시에 '이제 알아버린 길'이 되어서 아쉽다,라는 양가의 감정 말이죠. 또 한편으로는 이런 골목이 사라져 가는 것이 아쉬워 보존하고 싶은 마음도 들고요. 쭉쭉 뻗은 도로와 잘 짜인 아파트도 좋지만, 주택 사이사이로 사람이 다니면서 만들어진 골목길은 뭔가 정감이 있어요. 유치원도 다니기 전이었던 어린 시절, 골목에서 놀았던 기억도 나고요. 오래된 도시인 마산은 그런 골목길이 많아서 정이 갑니다. 사실 30대 초반까지만 해도 싫었거든요. 그냥 쭉쭉 뻗은 아파트가 좋고, 좁은 골목길보다 편한 대로가 우선이었는데 말이죠.

지금도 우리 동네의 새로운 길을 알고 싶어서 종종 걸어 다닙니다. 안 가던 길로 갔을 때 만나는 새로운 공간을 기억하고 싶어요. '또 새로운 가게가 생겼네.',

'집 주인이 바뀌었나 봐.', '이 길의 끝은 어디와 만날까?' 등을 생각하며 다른 사람들과 공유하고도 싶고요. 제게는 걷기가 운동이자 명상이자 탐험 같아요. 어떤가요, 수현 님도 걷기 좋아하시나요?

지난 편지 끝에 올려주신 「항해」라는 곡이 삶을 말하기도, 제가 걷는 행위를 말하기도 하는 것 같아요. 어쩜 이렇게 딱 맞는 곡을 선정해 주시는지요. 마침 유다빈밴드는 딸이 좋아하는 밴드이기도 해서 더 반가웠답니다. 그럼 이제 걸으러 나가보겠습니다. 아직 잘 모르는 골목이 우리 동네에 많이 있거든요.

모든 것이 충분합니다

화라 님 잘 지내셨나요?

오늘은 날씨가 무척 좋아서 덩달아 제 기분도 좋습니다. 오가는 사람들의 인사 속에 "날이 참 좋아."라는 말이 가득합니다. 날씨 덕분에 우리의 마음이 좋습니다. 날씨가 그렇게 만든 걸까요? 내가 그렇게 만든 걸까요? 정답을 알고도 피식 웃습니다. 날씨의 덕이라도 보며 살고 싶은 모양입니다. 내 마음은 내가 만드는 건데 말이죠.

무언가를 붙잡을 수 없다는 걸 알게 되면, 그럴수록 그것을 더 붙잡고 싶어지는 게 사람의 마음이지요. 요즘 날씨가 딱 그래요. 눈떠서 창밖을 볼 때마다, 집을 나설 때마다, 청량한 날씨를 마음으로 계속 붙잡습니다. 내일도 이와 같기를 기대하지만, 우리는 이미 경험으로 영원히 그럴 수 없다는 걸 알고 있지요. 어쩌면 그래서 사람들은 자신도 모르게 지금을 충실히 살아가고 있을지도 모르고요. 내가 순간순간에 몰입하며 살고 있다는 걸 알고 있지 못할 뿐이지, 살아 있는 한 살아가고 있는 한 우리는 모두 지금에 충실한 영혼들입니다.

가벼운 날씨 덕분인지 요즘은 청소도 더 쉽습니다. 사실 저는 청소를 힘들어하는 사람입니다. 청소의 영역은 언제나 방대하고, 공간을 정돈하고 깨끗하게 만드는 작업에는 커다란 끈기와 집중력이 필요하니까요. 청결의 기준도 높아야 할 것이고요, 신체 운동 능력과 협응력도 상당히 요구됩니다. 대체로 제게는 부족한 능력들이어서 할 때마다 시험대에 오르는 기분입니다. 그래서 실제로는 그리 넓지 않은 집임에도 청소할 때는 집이 크다고 느껴요. 공간도 시간처럼 나의 기분과 상태에 따라서 늘었다 줄었다 커졌다

작아졌다 하는 게 신기합니다. 그렇다고 오해는 마세요. 청소에 강박이 있거나 결벽증을 가지고 있지는 않습니다. 저는 신체 반경 1미터만 깨끗함을 추구하는 사람입니다. 어릴 때부터 책상 하나만 겨우 깨끗했습니다. 제 방 전체를 청소하는 건 힘들고 철저히 책상만 깨끗이 관리했어요.

책상은 나만의 작은 세상입니다. 가장 소중하게 여기는 것들이 모여 있으니까요. 책상 위에 진열된 물건과 서랍 속 모든 것이 소중했습니다. 읽고, 읽고 또 읽어도 지겹지 않은 친구들의 편지, 가족이나 주변 사람들에게 받은 선물, 과거의 기억을 소환해 주는 사진, 추억을 입은 물건. 모든 것이 나로 귀결되는 것들이었죠. 나와 깊이 연결되어 있기에 소중하고, 그래서 깨끗이 잘 보관하고 싶습니다. 세상 전부를 깨끗하게 할 수는 없지만, 그 마음으로 작은 내 세상만은 철저히 정돈하고 아끼며 살았지요.

하지만 나와의 연결이 느슨해질수록 소홀해집니다. 책상은 깨끗했지만, 그 너머의 방은 더러웠던 걸 보면요. 알고 보면 체력이 부족해서가 아니라 관심이 부족해서였을지도 모르겠습니다. 나의 작은 세상인 책상 이상으로 청소의 손길이 가지 않는 것처럼, 나의 가치와 일치하지 않거나 의미를 부여하지 않은 세상의 영역에는 무관심했던 제가 떠오릅니다. 내 것을 내버려 둔 채 그 너머의 것만 살피는 건 어리석은 행동이겠지만, 거기서 멈춘 건 아니었는지 돌아보게 되네요.

내 세상을 가꾸느라 40여 년의 세월을 잘 보냈습니다. 이제는 그 너머의 세상을 살펴볼 체력이 충분히 길러졌겠지요. 나 외에 나의 옆 사람에게도, 우리 집 말고 이웃에게도, 더 넓은 세상에도 연결을 짓고 할 수 있는 일들을 찾아보아야겠습니다. 아주 작은 것이라도 말이죠.

화라 님도 골목 탐험가셨군요. 골목길의 즐거움이 제게도 있습니다. 코로나19가 세상을 장악했을 때 그 시간을 이겨내기 위해 두 아이를 데리고 동네의 모든 산을 등정했어요. 작은 동산이라서 산이라고 하기엔 좀 애매하지만, 뒷배경으로만 보던 곳들을 직접 가보는 건 즐거운 일이었습니다. 산을 오르기 위해 골목 탐험을 다니며 이전에는 알지 못했던 동네 곳곳을 발견하기도 했고요.

이곳저곳을 돌아다니는 건 알 수 없는 위험을 만날 수 있는 일이기도 하지만 예상하지 못했던 기쁨을 만날 수 있기도 합니다. 오래전 선사 시대 때에도 인간은 돌아다녔기 때문에 수렵과 채집을 통해 생명을 연장할 수 있었던 것처럼요. 이동하며 이루었던 발견의 DNA가 지금의 우리에게 아직 남아 있을지도 모릅니다. 골목 곳곳을 다니며 발견하는 것들이 비록 먹거리는 아니지만, 몰랐던 것을 알게 될 때의 기쁨은 내면을 배불리 채워주지요.

화라 님이 골목을 탐험하면서 느꼈던 감정에도 공감합니다. 새로운 것을 발견한 '기쁨'과 이제야 알아서라는 '아쉬움'. 전자는 지금, 이 순간에 집중했을 때 가능한 것이고 후자는 더 오래 만끽하지 못했다는 생각과 유한성에 기초한 마음 같아요. 시간이 무한하다면 언제 알게 되어도 아무 상관 없을 테니까요. 만약 진작에 알았다면 우리는 더 기뻤을까요? 어쩌면 그냥 당연한 것이 되어버리고 또 다른 발견에 가치를 두었을지도 모릅니다.

얼마 전 동네 근처에 있는 한 독립 서점을 알게 되었어요. 단정하고 따뜻한 서점이어서 코앞에 두고도 왜 여태껏 몰랐는지 안타까운 마음이 생기더라고요. 그래서 방문했을 때 그런 저의 아쉬움을 전했더니 사장님께서 웃으면서 말씀하셨어요.

"알맞을 때 오셨습니다."

서점 사장님의 말씀처럼 모든 때는 알맞은 때입니다. 지금에 이르러서야 비로소 만나게 되는 것을 황홀하게 만끽하며 살아요. 이제라도 알게 되어서 갖게 되는 기쁨, 이제라도 깨달아서 다행인 안도감, 이제라도 만나서 감사한 마음. '이제야'가 아니라 '이제라도'는 우리에게 얼마의 시간이 남았는지와 상관없이 만족하게 합니다.

지금 좋은 날씨를 느낄 수 있으니, 지금 나의 너머로 관심 가질 수 있으니, 지금 새로운 것들을 발견할 수 있으니, 지금 우리가 만날 수 있으니, 모든 것이 충분합니다. 이전도 이후도 상관없이 지금 그럴 수 있다면 그걸로 충분합니다. 충분하다고 여길 수 있는 마음이라면 그걸로 충분합니다. 지금의 나와 내 삶을 있는 그대로 바라봐 줄 수 있길 바라며.

여름,
성장하는 마음

그래서 감사했습니다

세상에서 말하는 공식적인 여름이 왔습니다. 옷깃을 여미며 '따뜻한 게 좋다.'고 말하던 나의 모습이 어느덧 '그래도 좀 선선한 게 낫지.'라는 모순의 언어로 바뀌는 계절이기도 합니다. 겨울이 오면 또 반대로 '추운 건 못 견디겠어, 따뜻한 게 좋아.'라는 말로 바뀔 테지만요. 이렇게 간사한 나라는 인간 앞에 6월이라는 숫자는 한 해의 반 동안 무엇을 했는지 물어보는 말인 것 같습니다. 계절이 이렇게 바뀌는 동안 하루하루 마음은 쉬지 않았는데, 6개월 뭉텅이로 보는 나의 반년은 아무것도 없는 것 같은 모습으로 보이기도 합니다. 그런 심리적인 기억에 의존하는 6개월보다 시각으로 남아 있는 시간이 기억에 잘 남겠죠. 그래서인지 핸드폰 사진첩을 열어보면 6개월 치의 사진이 내가 무엇을 보고 살아왔는지 증명해 주고 있네요.

아무것도 없는 것 같이 느껴지는 한 해의 반이지만 우리는 6개월 동안 몇 편의 글을 남겼지요. 우리는 잘 모르는 관계로 편지를 시작했어요. 처음에는 그런 우리 사이에 어떤 이야기가 오갈 수 있을까, 궁금하고 때론 기대도 했답니다. 몇 번의 편지를 통해 느낀 것은 깊이 알지 못하는 관계로 편지를 주고받는 것이 여느 깊이 아는 사이보다 담백하고 때로는 오히려 그래서 더 낫다는 생각도 들었어요. 물론 글을 주고받으면서 우리는 내적 친밀감이 그만큼 쌓였을 거라 생각도 되고요. 성인이 되어 편지를 주고받으며 가까워지는 일은 요즘같이 나노의 시간만큼 빠르게 관계를 맺고 끊는 시대에 반하는 느낌이라 재밌기도 합니다.

수현 님은 집밥 잘 해 드시나요? 저희 가족은 주말

에는 외식이 잦아 최대한 주중에는 집밥을 챙기려고 노력합니다. 매일 뭐 먹을까? 고민하는 일은 평생 끝나지 않을 숙제인데요. 그렇게 집밥을 챙기려다 사건이 생겼습니다.

지난주에는 참 오랜만에 칼에 베였습니다. 거의 몇 년 만이었던 것 같아요. 저녁 메뉴로 양배추 전을 계획했어요. 평소에도 즐겨 먹는 메뉴라 익숙하게 준비했어요. 양배추가 곱게 잘려야 식감이 좋기 때문에 채칼을 이용해서 수북하게 준비를 합니다. 양배추를 채칼에 밀 때는 항상 조심하는데, 그날따라 다른 생각 때문에 정도를 조절하지 못했네요. 양배추를 잡고 있던 쪽의 엄지손가락 바깥 부분이 순간 화끈했습니다. '아, 베였다.'라는 생각과 함께 바로 지혈을 한참하고 얼얼한 상태로 요리를 하고 식사를 했습니다. 저녁 시간이기도 했고, 이 정도 손이 베인 걸로 응급실에 갈 정도는 아니라고 생각했어요. 생각보다 피가 계속 났는데요, 상처가 깊은지 궁금하더라고요. 급하게 밴드를 붙이고 식사를 하면서 마음이 어지러우면 손발이 고생하는구나 싶었습니다.

다음 날 병원을 찾아갔어요. 상처가 깊은 것 같아 몇 바늘 꿰매야 하나 싶었거든요. 다행인지 꿰맬 정도는 아니지만 베인 면적이 넓었어요. 살점이 약간 떨어져 나갔더라고요. 의사 선생님은 '그래도 깔끔하게(?!) 살점이 잘 떨어진 편'이라고 하시면서 당분간 손을 물에 넣지 말고 술도 먹지 말라고 했어요. 술은 안 좋아하는 편이라 괜찮은데, 다친 손을 물에 넣을 수 없으니 한 손으로 머리를 감아야 했고, 고양이 세수를 해야 했어요. 엄지손가락이라 핸드폰으로 타자를 치기도 어렵더라고요.

우리는 손이 살짝 베여도 너무 불편하고 그 불편함에 불평을 가지게 되는데요. 그럼에도 조금만 있으면 회복할 거라는 걸 알고 있잖아요. 그렇게 '의사가 2주 정도 걸릴 거라고 했으니, 그때까지 천천히 살면 되겠네.'라는 생각이 들었어요. 손을 다친 것에 불만은 없었지만, 불편함은 있었거든요. 왼손으로 양치를 하는 게 어색하고, 샴푸를 한 손으로 하니 시간이 오래 걸리고요. 귀걸이를 귀에 거는 일도 시간이 좀 걸리더라고요. 하지만 나을 거라는 믿음이 있고 새살은 곧 돈을 거고요.

그래서 감사했습니다. 지금껏 내가 가진 것에 얼마나 감사하며 살고 있었나 제게 물었습니다. 없는 것에 불만하는 삶이 아니라 가진 것에 감사하는 삶은 출발선이 다른 것 같습니다. 오늘 조금 덜 더워서 감사하고요. 시원한 그늘이 있어서 감사했어요. 상처가 아물지 않는다면 기약 없는 고통도 클 텐데요. 감사하게도 상처가 난 곳은 점점 새살이 올라오고 있어요. 새살은 감각도 다르더라고요. 또 새살이 어느 정도 찬 후 지문이 조금씩 생기는 것도 신기했어요. 그런 인체의 신비를 느낄 수 있어서 감사합니다. 집 근처에서 상처 치료를 잘 받을 수 있어서 감사했고요, 의식 없이 도움받고 살고 있던 손가락, 발가락을 포함한 내 신체 기관에 감사했습니다. 그리고 이 사건이 제게 정신 똑바로 차리고 살라는 신호라는 생각도 들었습니다. 의식이 흐트러지지 않는 삶과 교만하지 말고 충만한 마음을 가지라는 말을 지금, 해주고 싶었나 봅니다.

이제 저녁 시간이 다가옵니다. 오늘은 어떤 식재료로 어떤 음식을 할지 고민해 봅니다. 양배추는 당분간 요리하지 않을 것 같고요. 정신 바짝 차리고 손을 조심하며 맛있는 저녁을 준비해야겠어요. 수현 님도 항상 손 조심하세요.

만족하지 않는 나를 만족할래요

화라 님 손가락은 괜찮으신가요? 오른손을 다쳐서 불편하셨겠습니다. 지금은 새살이 돋고 다시 생활이 편해지셨겠지요. 그래도 다친 손가락 덕분에 가진 것의 감사함을 떠올리셨네요. '겨우 2주'를 '2주씩이나'로 변모시켜 그 시간 내내 투덜거리고 때때마다 불편해했다면, 그건 2주 그 이상의 삶을 손가락 살과 함께 날려버린 셈이 될 테니까요. 일어난 일을 어떻게 해석하고 바라볼지가 나에게 달려 있다는 사실을 기억할게요.

'감사의 달'답게 많은 감사로 보냈던 5월입니다. 감사에 관한 이야기가 가득한 화라 님의 편지를 받고 나니, 감사의 기억들 위에 또다시 감사를 떠올릴 수 있어 더욱더 감사해집니다. 저는 한 달 동안 온라인에서 '감사 일기 챌린지'를 진행했어요. 감정의 소용돌이가 심했던 예전과 달라진 지금의 저를 보며 '내가 어떻게 이렇게 바뀔 수 있었지?'를 생각해 보니, 그 출발점에는 '감사'가 있었더라고요. 감사의 효과를 다른 사람들에게도 전하고 싶어서 함께 했는데, 뜻깊은 시간이었습니다.

과거에 밤마다 소원을 빌던 때가 있었어요. '제발 아무 일 없이 평범하게만 살게 해주세요.'라고 말이죠. 불행하지 않은 삶이 행복이라고 착각하며 오래도록 그 소원을 빌었습니다. 그런데 2년 전에 문득 그동안 뭔가 잘못 생각했었다는 걸 깨닫고 새롭게 다짐했습니다. '낮 동안 무슨 일이 있었더라도 밤에 등을 붙이고 누워 잘 수만 있다면 감사하겠다.'라고 말이죠. '불행하고 싶지 않다.'에서 '행복하겠다.'로 마음을 바꿔 낸 첫 순간이었습니다.

그 뒤로 제 인생은 실제로 많은 것이 바뀌었습니다. 야행성 인간이라는 정체성을 평생 달고 살다가 처음으로 새벽에 일어나 나만의 시간으로 하루를 시작하게 되었어요. (지금도 제가 좋아하는 리추얼 시간이에요) 내가 선택했으면서 원망만 키워가던 결혼 생활과 남편과의 사이도 훨씬 좋아졌고요. 사람과 세상을 보는 눈도 달라졌습니다. 불만족스럽게 바라보던 것을 귀하고 소중하게 볼 수 있게 된 거죠.

뭐니 뭐니 해도 가장 큰 변화는 나 자신과의 관계입니다. 하루에도 몇 번씩 감사를 떠올리고, 느끼고, 표현하면서, 가장 크게 변한 건 제 마음이거든요. 나를 괴롭히던 내가 사라지고 나와 살아가는 것이 편한 내가 되었습니다. 그동안 불평하며 살았던 나는 누구이고, 이렇게 감사하며 살아가는 나는 누구일까요? 그 어떤 것도 내가 아니면서 그 모든 것이 나일지도 모릅니다.

어린 녀석이 '나는 누구일까?'에 대한 답을 어찌나 찾고 싶어 했는지. 과거를 생각하면 조금 짠합니다. 저는 초등학생 때부터 삶이 무엇인지, 나는 무엇인지 알고 싶었습니다. 공부는 싫고 노는 게 좋은 평범한 어린아이로 살다가 갑자기 엄마를 하늘나라로 떠나보내고 난 뒤 삶과 죽음이라는 커다란 난제가 저를 삼켜버렸습니다. 어린 제가 감당하기에는 너무 큰 현실이라서 이해할 수 없음을 이해하고 싶어 수없이 찾고 또 찾았던 것 같아요.

하지만 이제는 더 이상 그런 상투적인 고찰은 하지 않습니다. 나는 누구인지에 대한 답을 영원히 알 수 없을 거라는 결론을 내렸어요. 그저 지금 내가 되고자 하는 나를 선택할 뿐이라고 생각하며 살기로 했습니다. 내가 누구인지 고민할 시간에 어떤 마음을 선택하고 어떻게 행동할지 고민하는 게 더 중요하다는 걸 알게 되었거든요.

얼마 전 MBC TV 프로그램 「나 혼자 산다」에 구성환 배우님이 출현하셨어요. 몇 년 전 소 · 확 · 행(소소하지만 확실한 행복)이라는 말이 유행했었죠. 그 말의 산증인 같았어요. 자신을 기쁘게 하는 방법을 확실하게 아는 분이셨거든요. 기꺼이 자신에게 행복을 선물하고 그것을 만끽하며 살고 계셨죠. 삶의 곳곳에서 느낄 수 있는 소소한 행복을 놓치지 않는 것도 모두 노력이 깃든 결과입니다. 인터뷰 중에 "그렇게 행복을 찾으려고 노력했다."라는 말이 있었던 걸 보면 모든 건 저절로 되지 않는다는 생각이 듭니다.

더 인상적이었던 건 "저는 제가 가장 이상적이에요."라는 말이었습니다. 저는 그 말에 충격을 받았습니다. 부럽기도 하고 신기하기도 했어요. '행복하다.'라는 기분에 관한 정의는 들어봤지만, 현재의 내가 가장 이상적이라는 말은 어디서도, 누구에게도 들어보지 못했습니다. 그리고 그 말씀을 하실 때 눈빛에 담긴 진심이 저를 압도했어요. 그 누구도 반박할 수 없게끔 만드는 스스로에 대한 확신이 느껴졌거든요. 며칠째 배우님의 얼굴이 떠나지를 않습니다. 제가 이런 증상을 보이는 건 지금의 저는 그렇게 확신 있게 말하지 못해서이겠지요. 분명히 나를 가장 사랑하는 건 내가 맞는데, 나는 나에게 자꾸 뭘 바라고 있는 걸까 생각해 봅니다.

심리학자인 아들러 알프레드는 인간은 누구나 태

어날 때부터 '우월성 추구*'를 가진다고 했습니다. 그것은 남과의 비교를 통한 우월주의가 아니라 지금보다 더 나은 내가 되고자 하는 자기완성을 향한 우월 욕구입니다.

부족하고 열등한 느낌을 없애기 위해 노력하는 삶이 아니라 충분함을 느끼면서도 더 나아가려는 희망을 품은 삶을 원하는데 아직은 그게 어렵네요. 아직은 그렇게 되지 못한 나를 인정해 주고 싶습니다. 그 담담한 인정이 있는 그대로 지금의 나를 받아들이는 일 같아서 오히려 다정하게 느껴집니다.

'나 자신을 사랑해야 한다.'라는 말조차도 또 하나의 억지나 요구로 느껴질 때가 있더라고요. 오늘은 그냥 나 자신을 만족하지 않는 나를 만족할래요. 그게 지금 진실한 내 마음이니까요. '멋짐'보다 '진실'을 사랑하고 싶은 수현이었습니다.

* 『아들러 심리학 입문』, A. 아들러 지음/ 김문성 옮김, 스타북스

제 만족은 여기에 있어요

수현 님 안녕하세요. 만족하는 6월 보내셨는지요?

지난 편지에 말씀하셨던 「나 혼자 산다」의 구성환 배우 영상을 눈여겨보았습니다. 그를 생각하면 영화나 드라마에서 감초 같은 조연으로 열연하는 모습만 떠올랐는데요, 이번 영상에서는 오롯이 주연의 모습이라 제겐 신선한 충격이었습니다. '주연의 모습'이 충격이라는 게 아니라 자신의 삶을 아기자기하게 가꾸고 그 자체로 행복한 모습이 말이죠. 그건 흔하게 읽어서 이제는 별 감흥도 없게 된 자기계발서의 단골 문구인 '자기 삶의 주연이 돼라.'라고 말하는 것과도 같았어요. 영화에서는 조연의 모습이었지만, '구성환' 자신의 삶에서는 주연이지 않았던 때가 없었던 그의 모습을 보면서 나는 말로만, 그리고 글로만 '주연'이었던 건 아니었나 싶었어요.

저는 고등학교 2, 3학년 때 진로를 찾으면서 아니, 진학할 과를 찾으면서, 제가 정말 잘할 수 있겠다 싶은 과를 찾았어요. 속으로 유레카를 외치기도 했거든요. 무슨 과였을지 짐작이 가시나요? 바로 '비서과'였어요. 들어보셨나요? 말 그대로 큰 회사의 사장, 회장 등의 비서를 양성하는 곳이었어요. 이 과를 발견하곤 설렜던 이유는 제가 남을 잘 챙겨주고 체크함으로 인해 일이 수월하게 진행될 때의 그 희열감을 좋아한다고나 할까요? 누군가의 뒤에 있지만, 내가 스케줄을 짜주고 그가 움직여서 성과를 내는 일이 뭔가 짜릿하다는 것? 나를 드러내지 않아도 괜찮다고 생각했거든요. 그렇게 정말 잘할 수 있을 거라 생각했던 '비서과'는요, 우리나라 유명 여대 한 곳만 있었기 때문에 거리와 비용상 일찌감치 포기했어요. (성적도 물론 안 됐을 테지만) 그렇지만 제가 '비서'의 업무를 구체적으로 생각해 보면서 '그런 일을 좋아하지, 맞아. 나는 그런 것도 잘하는 사람이야.'를 알게 된 일이었어요.

하지만 수현 님도 아시다시피, 지금의 저는 '나'를 드러내는 것을 무척이나 즐기는 사람입니다. '사주(四柱)는 사이언스(Science)'라고 말하는 분들의 이야기를 들어보면 자신의 사주에 있는 성격이 실제로 드러난다고 하는데요. 저는 '나 자신'이 궁금해서 사주를 공부하기도 했어요. 어려워서 깊이 있게 알 순 없지만 간단하게 제 사주에는 사람 간의 중재를 잘해주고 돕는 사주도, 나를 드러내고 앞에 나서는 것을 좋아하는 사주도 함께 있더라고요. '비서'로서도 잘했을 것 같고요, '주인공'의 나로도 즐겁게 살 수 있는 그런 내가 아닌가 싶어요.

이런 나로 살면서도, 내가 나를 잘 안다고 생각하면서도 '만족'은 풍족하지 않았던 것 같습니다. 약간의 핑계를 대자면, 시대가 그렇게 만들어 낸 것은 아닐까, 라는 생각도 합니다. '만족하면 이제 끝인데?'

라거나, '안일하게 만족해?'라며 나를 채찍질하도록 만드는 사회 말이죠. 의도치 않게 나를 계속 몰아붙이며 '만족이라는 건 없어!'라는 무의식을 만든 건 아닐까 하는 생각도요.

베스트 오브 베스트를 위해서 '이만하면 됐어.'라는 마음이 들 때면, 조금 더 합니다. 하지만 지나고 보면 어떤 일이든 최상의 만족은 없는 것 같아요. 그렇다면 나는 어느 정도의 만족을 '충분한 만족'이라고 말을 할 수 있을까 생각해 봅니다. 10이 만점이라면 8이나 9? 아니면 4나 5만 되어도? 이렇게 쓰다 보니 저는 '구성환 배우의 만족'은 따라가지도 못하겠네요. 아니 나의 만족은 도대체 어디에 있을까요??

4월부터 시작한 필라테스는 걷기만 하던 제게 '운동의 만족'을 느끼게 해준 운동이 되었어요. 걸어도 걸어도 뭔가가 부족하다고 느꼈을 때, 기구 필라테스를 시작했어요. 내 머리에서 그렇게 많은 땀이 폭포수처럼 흐를 수 있다는 것도 처음 알게 된 운동이지요. 좌우 불균형이 심한 몸이라 언제쯤 균형이 맞춰

질까를 생각하며 운동을 하는데요. 약한 쪽 운동이 더 힘듦을 느낄 때면 '아, 확실히 좌우 차이가 많이 나는군.'이라는 생각을 하며 몸을 지켜보게 됩니다. 근력이 약한 내 몸이 아직 힘들긴 하지만 버틸 수 있는 걸 보는 일도 재미있고요, 과거의 내가 할 수 없었던 동작을 조금 나아진 모습으로 하게 되는 것도 이 운동을 선택했다는 것에 만족합니다. '모자람이 없이 충분하고 넉넉함'이라는 '만족(滿足)'의 뜻에 맞추려면 무엇이든지 시작은 모자람이 있는 건 아닌가, 라는 생각도 해요. 아직도 힘든 필라테스 운동은 만족하지만 시작도 모자랐고, 아직도 모자라거든요.

올해도 벌써 6개월이 지났어요. 6개월이란 시간에 만족도를 따져본다면, 저는 10점 만점에 약 6점 정도라고 생각해요. '이 정도면 됐어.'라고 생각하는 정도는 8점인데 말이죠. 남은 6개월은 과연 제게 몇 점을 안겨줄지 궁금합니다. 꼭 10점을 원하는 건 아니지만, 앞으로의 시간도 어떻게 채워질지 기대됩니다.

P.S

사실 지금 약 2시간 30분 스타벅스에 있으면서 점심으로 샌드위치와 시원한 민트 음료를 마셨어요. 다 먹은 뒤에 커피도 한 잔 마시고 싶은 거예요. 고민하다가 즐겨 마시던 라테를 따뜻하게 주문했어요. 두 메뉴 모두 가지고 있던 쿠폰, 앱 테크로 모았던 포인트로 바꾼 쿠폰으로 먹었는데요. 그래서 그런지 지금 너무 만족스럽네요. 어디서 따로 찾을 필요가 없어요. 제 만족은 지금 여기에 있어요.

변하는 나를 변함없이 지켜보는 내가 있어요

화라 님 복날 음식은 챙겨 드셨나요? 어제가 초복이었잖아요. 장을 보러 가다가 그 사실을 알게 되어 잠시 고민했습니다. 식재료 구매 예정 리스트에 없었던 닭을 사야 하나, 말아야 하나 말이죠. 복날인 걸 알게 된 순간 무엇으로라도 몸보신해야 할 것 같은 마음이 일더군요. 잠시 고민하다가 옆에 있던 남편에게 말했습니다. "여보, 오늘 초복이래. 근데 요즘은 매일 복날 아닌가? 너무 잘 먹잖아. 이제는 복날마다 오히려 단식해야 할지도 모르겠어. 오늘은 그냥 원래 먹기로 했던 반찬 먹자."

그러자 남편도 제 말에 공감했는지 웃으면서 노래를 지어 부르더군요. “월요일은 월요일이니까 닭 먹고, 내일은 기분 좋으니까 닭 먹고, 모레는 속상하니까 닭 먹고, 글피는 아무 일 없으니까 닭 먹고, 매일 매일 닭 먹고.”

복날에는 몸보신이 필요하다는 것도 어쩌면 옛 시절의 필요인지도 모릅니다. 살다 보니 무조건 이래야 하는 건 없다는 생각이 듭니다. 시대마다 환경이 다르고 상황이 달라지니까요. 절대적인 명제는 존재하기가 어렵습니다. 그래서 내가 의식적으로 선택하는 행위인지, 무의식적으로 반응하는 행위인지 구분하는 힘도 필요하고요. 그렇지 않으면 열심히 살아 놓고도 만족스럽지 않거나, 원했던 지점이 아니라는 한탄을 할 수도 있습니다. 세상이 정해놓은 대로 맞추면서 살 것인지, 스스로 선택하며 살 것인지 내 삶의 주인으로서 포지션을 잘 정해야 합니다. 복날의 닭 덕분에 ‘오늘 어떻게 살아갈 것인가?’에 대한 힌트를 얻었네요. 세상 만물은 스승이라는 말이 있던데, 얻고자 한다면 어디서든 얻을 수 있군요.

장맛비가 계속 이어지는 여름날이에요. 매일 내리는 빗줄기 사이에 화라 님의 편지는 반가운 햇살입니다. 오늘은 무슨 이야기가 담겨 있을까?, 같은 하늘 아래 어떤 다른 삶을 살아냈을까? 무척 궁금합니다.

저는 사람 사는 이야기가 가장 재미있습니다. 아무리 휘둥그레질 AI가 발명된다 해도, 하늘을 날아다니는 자동차를 타는 세상이 온다고 해도, 인간이라는 대상만큼 신기하고 재미있는 건 없습니다. 무한한 세계잖아요. 어떻게 모두 다르게 생겼을까요? 어떻게 한 명도 같은 마음을 가진 사람이 없을까요? 같은 사람이 한 명도 없어서 모든 사람이 각자 귀하고 대단한 것일 텐데, 우리는 그걸 잊고 자꾸 다른 사람처럼 되고 싶어 합니다.

화라 님 편지를 읽는 순간만큼은 그런 일상의 착각과 환상에서 벗어나 오히려 서로 다른 마음의 세계에 흥미로움과 경탄을 만날 수 있어서 좋습니다. 더군다나 글은 말이 담을 수 없는 것까지 깊이 끌어내는 재주가 있잖아요. 심연의 모습이기도 한 활자들 속에서 한 편의 영화를 보듯 글쓴이의 마음속 장면을 함께 그려보는 것이 즐거워요. 같은 시대, 같은 공간에 살아도 서로 다른 이야기를 품고 사는 우리들을 함께 더 많이 궁금해하고, 더 많이 나누며 살아가기를 바랍니다.

화라 님의 고등학교 진로 이야기에 '오잉?'이라는 소리가 입에서 흘러나왔습니다. 그 누구보다 진취적이고 앞에 나서기를 즐기는 분이라고 생각했는데, 희망 사항에 비서라는 직종이 있었다는 사실에 또 다른 면이 있으시다는 걸 알게 되었습니다. 우리는 너무나 편협한 부분으로 그 사람을 단정 짓고 있다는 사실도 깨닫고요. 더 나아가 타인을 그렇게 보고 판단하는 건 그 판단의 생산지인 나 자신을 그렇게 보고 있기 때문이라는 생각도 드네요. 나를 편협하게 보지 않는다면 타인도 편협하게 볼 리 없겠죠.

조그만 실수에도 스스로 쉽게 바보 멍청이로 여기고, 조금 잘난 부분에 남을 비웃기도 합니다. 콩알만 한 나의 부분이 '나'라고 할 수는 없을 것이고, '나'라고 여기는 그 일말의 부분 또한 삶의 여정을 살아내면서 계속 이리저리 변하고 있는데, 우리는 자꾸 찰나의 시간으로 영원을 해석합니다. 이렇게 생각하고 보니 내가 어떤 추한 모습을 가져도 별문제가 없어 보입니다. 어차피 그것은 나의 일부이고 그 모습은 또 변할 테니까요.

모습뿐만 아니라 마음도 마찬가지겠군요. 방금까지 만족스럽지 않고 괴로운 마음에 빠져 있다가, 누군가의 작은 호의나 맛있는 음식 하나에 또 금방 괴로움을 변심하는 우리입니다. 간절히 원했던 일을 이루거나 커다란 꿈을 가져도, 한 해를 열심히 잘 살아내도, 도무지 만족을 모르던 내가, 좋아하는 커피 한 잔을(포인트라 더더욱) 사주었더니 이런 나를 금방 좋아해 줍니다.

이제 만족을 못 한다고 느끼면 '그러냐!' 하고 말아야겠습니다. 어차피 조금 뒤면 다른 마음을 만들 것이니까요.

상대방을 쉽게 판단하지 않고 계속 발견하려는 마음은 사랑과 같은 말입니다. 그렇다면 나를 사랑하는 첫 시작도 나의 면면을 수집하며 관찰하는 일이 되어야 합니다. 한 번의 경험으로 스스로 루저로 만들거나, 잠시 힘든 상황에 부닥쳐 있다고 인생 전체를 망

했다고 판단하지는 말아야겠고요.

변하고, 변하고 또 변하는 우리들. 나도 그 사람도 세상도 매일매일 변합니다. 그런데 대체 변하고 있다는 걸 알아차리는 건 또 누구일까요? 매일 변하기도 하지만 매일 변하는 나를 변함없이 지켜보는 내가 있습니다.

장마로 하늘에 먹구름이 가득한데 이 흐린 하늘을 가능하게 하는 여백의 하늘이 있다는 걸 우리 모두 기억하는 것처럼, 이런저런 모습의 나를 있게 해주는 생명의 본질인 나를 기억해야겠어요. 그렇게 생각하니 모든 것이 괜찮다는 작은 안도가 생깁니다.

어떤 마음의 날씨여도 상관없이 '오늘은 그렇구나!' 감상할 수 있는 우리이길 바라며.

어차피 불완전한 사람이라면

수현 님의 초복 이야기에 달력을 보니, 내일이 중복이네요. 시간 참 빠르죠. 어릴 때는 그렇게 가지 않던 시간이 나이가 들면서, 특히 40대가 되면서는 지금까지 느꼈던 속도 중 최고의 속도를 체감하는 날들을 보내고 있습니다.

올해 둘째 아이가 중학교에 입학을 하고, 벌써 여름 방학을 맞이했어요. '올해가 언제 시작됐지?', '둘째 입학은 언제 했지?' 아주 까마득히 먼일인 것 같이 느껴집니다. 6개월 동안 무슨 일이 있었길래 눈떠

보니 6개월 후로 뛰어넘은 것 같을까요.

누가 들으면 '매우 바쁘게 살았나 보다.'라고 생각할지도 모르겠어요. 제가 생각하는 '바쁨'은 매일 외출이 있어야 하고, 통화를 하고, 할 일이 쌓여 있는 상태입니다. 하지만 지금의 나는 그런 바쁨과는 거리가 있어요. 내가 만들어 낸 '나만의 바쁜 상태'인 거죠. 누군가는 지금의 나의 모습을 보면서 '참 바쁘다.'라고 생각할 수도 있을 테니까요.

오늘만 해도 오전 일찍 지인이 입원한 병원에 들러서 잠시 만나고, 근처에 있는 친정에 들렀어요. 집에 많이 들어온 채소를 나누기 위해서였죠. 집으로 돌아와서 빨래를 돌리고, 한 끼 식사로 먹기 위해서 채소를 찜기에 쪄서 소분했어요. 그사이에 책도 잠시 읽고요. 소분해 놓은 채소를 점심으로 먹고, 둘째 아이의 건강 검진을 위해서 검진 센터에도 다녀오고요. 집으로 오는 길에 올리브영과 맘스터치를 들러서 필요한 것을 샀어요. 집에 도착해서는 잠시 노트북을 켜서 필요한 보수 교육 이수증을 다운받고, 해야 할 것을 조금 해놓고요. (지금 이 편지도 쓰고 있고요) 오전에 못 갔던 필라테스를 오후 늦게 다녀오면 저녁 시간이 되죠. 그러면 또 주부로 돌아와 저녁 준비와 뒤처리를 할 테죠.

시간은 유한한가, 무한한가를 생각하다 보면 이것도 내가 어떻게 마음먹는지에 따라 달라져요. 카이로스*의 시간, 크로노스**의 시간을 말하는 것만 봐도 그렇죠. 유한하다고 생각하는 사람은 크로노스의 시간을 살 것 같고요, 무한하다고 생각하는 사람은 카이로스의 시간을 살 것 같습니다. 사람들이 각자 자기만의 시간을 보내고 있기 때문에 카이로스의 시간을 사는 사람이 더 많을 것 같아요. 물론 그 기반은 크로노스의 시간이겠지만요. 수현 님은 어떤 시간을 살고 계신가요? 제 추측으로는 카이로스 같은데, 어떤가요?

매일 내 삶에 충실했나?라고 스스로 질문해 본다

* 의미와 선택이 부여된 주관적이고 특별한 순간

** 단순히 흘러가는 객관적 시간

면, 저는 '아니오.'라는 답이 많이 나올 것 같습니다. 하지만 그것조차 '변하는 매일마다 바뀌는 나의 답'이죠. 어떤 날은 '이 정도면 훌륭해.'라고 할 것이고, 다른 날은 자책하며 '이것밖에 하지 못하는가!'라고 절규할 것이고요. 편지를 써가면서 '불완전한 인간'이라는 단어가 떠오릅니다. 누구나 불완전하지만, 제일 엄격한 잣대는 자기 자신이 내리는 것 같아요.

'완전한 인간 되기'라는 삶의 조건도 없는데 모가 나지 않고 매끈한 삶을 왜 바라는지 모르겠습니다. 완전한 것은 무엇이며 그 기준은 어디에 있을까요? 어릴 때부터 '다른 사람의 기준'에 맞춰서 살아왔던 제가 생각납니다. 보통, 남들만큼, 이라는 단어가 가장 어울리는 삶이었어요. 주변 어른들의 말을 정답처럼 받아들이는 저였습니다. '보통만 하면 된다.', '남들만큼만 해라.'는 말은 항상 제 기준을 내 안이 아닌 밖에 두게 만들었어요. 그것은 나를 '불완전한 사람'으로 만들기에 가장 적합한 말이었습니다. 100점을 맞아야 하고 달리기를 잘해야 하고, 돈을 잘 벌어야 하는 등 내 능력과 상관없는 잣대가 나에게 쏟아졌어요. 그 속에서 저는 항상 이런 생각을 자연스럽게 하게 되었어요. '나는 왜 안 되지?' 또는 '어차피 나는 못 하니까…….' 어른들이 만들어 놓은 세계에서 나는 모자라고 불완전한 사람이 되는 건 자연스러운 일이었어요. 이후 나를 탐구하면서부터 밖에 있던 기준을 내 안으로 돌리니 세상이 달라졌어요. 어린 나는 어른들의 세뇌 속에서 자라왔구나, 그런 내가 가엽다는 생각도 들었고요.

이제는 내가 나를 지키는 노력을 많이 하고 있어요. 불완전하다면 불완전하게, 완전하다면 완전하게 나를 바라보는 일이 많습니다. 내가 불완전하다고 해서 누가 내 삶을 대신 살아주는 건 아니니까요. 이런 나도, 저런 나도 재미있습니다. 완벽할 때도, 실수투성이일 때도 '나'거든요.

어젯밤에는 부산에 억수같이 집중 호우가 쏟아졌다죠. 비와 천둥 번개로 잠 못 이루신 건 아닌지, 뒤늦게 안부를 묻습니다. 조금 있으면 장마도 끝나고 이글이글한 태양만이 남아 있겠죠. 그런 날을 미리 걱정하지 않고 오늘에 충실하는 내가 되길 또 바랍니다. 어차피 불완전한 사람이라면 이런 나를 보며 그러려니 합니다. 이런 나를 데리고 완전함을 꿈꾸는 것도 이상할 테니까요.

완벽하지 않지만,
완전합니다

화라 님이 지난번 편지에서 말씀하신 것처럼 이글이글한 태양만이 남은 여름을 만끽하는 중입니다. 그것도 아주 '잘'이요. 거실에 있던 스탠드 에어컨이 고장 났습니다. 그래서 어쩔 수 없이 안방에 있는 작은 벽걸이 에어컨으로 집 전체를 식히며 지내고 있답니다. 덕분에 가족들이 냉방병에 걸릴 위험은 없어 보입니다만, 여름 태양이 중천에 떠 있는 시간에는 괜히 심술이 나서 눈도 맞추기 어려운 하늘을 째려보며 원망의 한숨도 쉽니다. 한편으로는 해도 해도 너무하게 뜨거운 날씨를 보며 지구 건강이 걱정되기도 하고요. 장마 때는 스콜 같은 날씨가 반복되더니 본격적인 무더위에는 역대급 열기를 보여주네요. 자연이 아프다고 소리치는 걸 듣지 못하고, 덥다고 나 힘든 것만 생각하는 건 아닌가 싶습니다.

제 가족이 열혈 야구팬인 건 아시죠? 어제 롯데 자이언츠와 LG 트윈스의 경기가 울산 문수 경기장에서 예정되어 있었는데, KBO 43년 역사상 최초로 폭염 때문에 경기가 취소되었어요. 우천 취소야 야구팬으로서 당연한 얘기지만, 최근 몇 년 사이에 미세먼지 취소에 이어 폭염 취소까지 겪으니 지구 건강이 심상치 않네요. 울산경기장이 인조 잔디라서 복사열로 인해 지열 온도가 50도나 된다고 하더라고요. 구장 특성상 그렇겠지만 그 지역이 유난히 폭염이 심하다는 뜻이기도 하니 걱정도 됩니다.

하지만 걱정만 한다고 달라지는 건 없겠죠. 말씀하셨듯이 무엇을 걱정하기보다는 오늘을 충실히 살며 내가 할 수 있는 작은 일 하나라도 실천하는 게 답인 듯합니다. 에어컨 하나 고장 난 김에 하나를 덜 돌릴 수 있음에 기뻐해야겠어요. 더운 여름을 완벽히 시원하게 보내려 했던, 욕심이 덕지덕지 붙은 투정이었습니다. 조금 불편하고, 조금 부족하게 사는 게 언젠가부터 어려워졌네요. '인간적'으로 일부러 여백을 조금 남겨두는 삶이 오히려 편하고 자유로울 수 있을 텐데 말입니다. 무탈하고 결백한 삶만을 꿈꾸지 않아야겠다는 생각이 듭니다.

크로노스의 시간으로 나열된 화라 님의 일과는 저의 일주일 일과와 양이 비슷합니다. 저에게 누가 그 일들을 하루에 다 끝내라고 했다면 영혼이 탈곡하여 '나는 누구?', '여긴 어디?'를 이야기하게 될 거예요. 그런데 또 늘 이렇게 느리게 살았는지 돌아보면 그렇지 않은 날이 더 많았습니다. 대체 어떻게 살면 보람 있는 하루가 될까요? 하루 종일 이것저것 단단한 크로노스의 삶을 살면 뿌듯할까요? 일과는 느슨하지만, 마음이 풍요로우면 하루가 뿌듯할까요? 경험해 보니 두 가지가 적절히 균형이 맞아야 합니다. 양적 시간, 질적 시간 둘 다 중요한 거죠. 할 일만 좇느라 내 고유의 시간 감각을 느끼지 못해도 만족스럽지 못하고, 나만의 시간에 빠져서 행위적 시간을 채우지 못해도 만족스럽진 못하고요.

그렇다면 '바쁘다.'라는 정의는 절대로 절대적인 게 될 수 없겠습니다. 실제로 할 일이 많으면 바쁜 것인지, 많다는 기준은 어느 정도인지. 할 일이 많다는 생각이나 시간이 없다는 인식으로 바쁜 건 아닌지, 이것저것 너무 많은 생각을 하고 있어서 바쁘게 느끼는 건 아닌지. 궁금하기도 하고 잘 알아차려야겠다는 생각도 듭니다.

실제로 이 세상에 '바쁨'이라는 게 존재할까요? 우리의 조바심이 만들어 내는 착각이거나 원하는 속도의 삶이 아닐 때 느끼는 감정일지도요. 빠르게 살고 싶은 사람에게 바쁜 것은 바쁜 게 아니라 당연한 속도겠지만, 느리게 살고 싶은 사람에게 바쁜 것은 뭔가 좋지 않은 속도라고 정의하게 되니까요. 얼마큼을 바쁘다고 정의할 것인지는 현재의 내가 원하고 느끼는 만큼이네요.

저는 요즘 이전의 삶에 비하면 해야 할 일이 훨씬 없는 상태로 살고 있는데요. 마음은 더 바쁘게 살고 있어요. 무엇을 할 것인가?, 무엇을 해볼 것인가?, 무엇을 하고 싶은가?, 이런저런 생각을 세세하게 하다 보니 실제로 하는 일은 별로 없는데 세상에서 가장 바쁜 사람처럼 살고 있어요. 저에게 바쁨은 해야 할 일의 나열보다는 마음의 속도를 품고 있는 듯하군요. 알아냈으니 잘 조절해 볼 일입니다. 딱히 바쁜 일도 없는데 바쁘게 느끼는 것도 대단한 재주예요.

그런데 또 바쁜 건 좋은 걸까요? 좋지 않은 걸까요? 어떨 땐 바빠서 괴로워하고요, 어떨 땐 남보다 바쁘지 않은 것에 공허함도 느낍니다. 사람은 한 가지 단어에 두 가지 마음을 다 품고 사나 봐요. 바쁜게 싫지만 바쁘지 않으면 불안해지는 마음. 역시 화라 님 말씀처럼 우린 불완전한 인간입니다.

가끔 나의 널뛰는 마음을 관찰하면 인간은 무척 피곤하게 산다는 걸 알 수 있어요. 몸이 방전되면 쉬어서 충전하면 되지만, 뇌가 끊임없이 움직이니 제대로 쉬는 시간은 거의 없는 거죠. 필요한 생각을 필요한 때에 필요한 만큼만 할 수 있다면 좋겠는데 말입니다. 쉽지 않군요.

앗! 다시 생각해 보니, 우린 어쩌면 그런 부족과 흠을 품고 있어야 완전한 상태일 수도 있겠습니다. 모든 것이 되어 있다면 인간이 할 일은 아무것도 없겠지요. 무엇이든 할 수 있다면 재미도 없고, 성장도 없으니까요.

78대 22라는 법칙이 있대요. 아무리 노력해도 늘 22%는 부족하다는 거죠. 그런데 신기하게도 자연에는 질소가 78%, 그 외 산소나 기타 공기가 22%, 우리 몸의 수분도, 바다와 육지도 78대 22 비율에 가깝다고 해요. 우리의 불완전은 더 노력하고, 더 돕고, 더 성장하고, 그렇게 자기완성을 향해 스스로 나아가라고 설정해 놓은 신의 선물인가 봅니다. 우리는 완벽하지 않지만, 완전합니다. 그냥 이대로요.

빈틈 있는 삶 살면서 또 편지 기다릴게요.

또 하나의 세상이 열리게 되었어요

이렇게 무더운 여름, 에어컨 수리는 하셨나요?? 뉴스에서는 에어컨 실외기에서 불이 났다는 소식이 심심찮게 들리고 있고요, 친구가 일하는 병원에 에어컨이 고장 나서 땀에 절어 일하고 있다는 소식도 들었어요. 그런데 비하면 수현 님의 에어컨 하나는 작동하니까 참 다행이다 싶었어요. 집 안의 모든 에어컨이 고장 났다면? 생각만 해도 등에서 땀이 흐르는 듯합니다.

여름휴가 다녀오셨나요? 저는 지난주 휴가 스케줄

을 잡았어요. 행선지는 제주도. 해외가 아니지만 색다른 풍경들에 설레는 바로 그곳이죠. 보통 제주도 하면 비록 1시간이지만 비행기를 타기 위해 공항으로 캐리어를 끌고 가는 재미가 있어요. 그런 것을 아이들도 좋아하고요. 공항에 들어서면 많은 사람이 각자 자신만의 행선지를 가슴에 품고 설레어 하는 모습을 보는 것도 재미있어요. 그리고 궁금해요. '저 사람은 어디로, 누구와 가는 걸까? 어떤 것을 기대하고 있을까?'라고요. 어떤 사연이든 즐겁고 행복한, 기대에 차 있는 에너지가 공항에 가득하다고나 할까요.

사실 제주도를 2년 전에 다녀왔기 때문에 올해 제주도를 가는 건 뭔가 너무 빠른(?) 느낌이 들었어요. 차로 이동해서 갈 수 있는 내륙이거나, 지난겨울 너무 추워서 포기했던 울릉도에 간다거나, 뭐 그런 곳을 생각했는데 말이죠.

그런데, 호기심 많은 남편은 직장 동료가 배를 이용해서 자차를 싣고 제주도를 다녀왔다는 이야기를 듣고, 일찌감치 이번 여름은 배로 제주도에 가고 싶다,라는 의견을 제시하더라고요. 새로운 시도에 모두 동의 후, 다음 문제는 '어느 항에서 출발할 것인가?' 였죠. 수현 님도 아시다시피 부산항에서 제주도까지는 11시간 넘게 소요되잖아요. 대학 때 한 번 그렇게 제주를 다녀온 이후로 한 번도 배를 이용한 제주행은 생각해 본 적이 없었거든요. 지루하기도 했고, 밤의 바다는 정말 무서웠거든요. 하지만 남편은 네 식구의 비행기 왕복 값, 제주도 차 렌트 비용 등을 꼼꼼히 비교 후, 집에서 3시간 반 차량으로 이동해야 하는 '완도항'을 선택했어요.

제가 살고 있는 마산에서 완도까지 차량으로 3시간 30분, 완도항에서 제주항까지 배로 2시간 20분가량 걸렸어요. 집에서 제주도까지 가는 시간만 6시간 정도가 걸렸네요. 오전에 출발해서 제주도에는 늦은 오후에 도착했거든요. 돌아오는 것도 마찬가지였어요. 저녁에 출발하는 배를 탔기 때문에 집에 도착했을 때는 새벽이더라고요. 피곤하지 않더라도 밤 운전 3시간이 넘는 건 조심스러워서 돌아오는 동안 운전하는 남편을 계속 체크하게 되더라고요.

여행이 끝난 후, 남편의 의견은 어떤지 모르겠지만, 저와 아이들은 '제주도는 비행기로'라는 결론이었지요. 사실 저는 '돈으로 시간을 산다.'라는 주의거든요. 그래서 수수료를 조금 더 주더라도 멀리 있는 은행보다는 가까운 곳에 있는 ATM기를 이용해서 현금을 뽑는다든지, 터널 이용비를 내더라도 7, 8분 빨리 간다면 이용한다든지, 뭐 그런 거요.

하지만 가족을 위해 늘 양보하는 남편의 뜻에 따라 이번 여행을 진행했어요. 여행 후 일주일 정도가 지났는데요, 여행을 정리하면서 여행지에서의 기억과 더불어 아이들과 저, 남편 모두가 이번 여행으로 '배 여행'이라는 새로운 경험을 가졌구나, 라는 생각이 들더라고요. (그러면서 다음에는 '사천항을 이용해 볼까?'라는 생각도 스멀스멀 올라오고 있어요)

제주도를 비행기로 가는 것에 비해 비용이 저렴하다는 것이 가장 큰 장점이기도 하지만, 배 안에서 다양한 모습도 접할 수 있었어요. 차를 싣고 내리는 사람이 이렇게 많구나, 큰 개를 동반하는 여행을 하는 사람들에게는 비행기보다는 배가 좋겠구나(애견 동반 객실이 있었어요), 침대와 소파, TV, 냉장고까지 구비된 객실부터 텅 비어 보이는 객실까지 다양하구나. 뭔가 같은 배 안에서 같은 시간을 보내지만, 다른 세상을 살고 있는 느낌도 들었어요. 영화 「설국 열차」가 생각나기도 했고요.

삶을 살아갈 때도 해보지 않은 것을 경험하는 일은 얼마나 큰 에너지를 쏟는지요. 비행기 대신에 두 배 이상의 시간을 들여 배로 이동하는 일은 피곤함을 가져오기도 했죠. 하지만 이렇게 경험해 보면서 또 하나의 세상이 열리게 되었어요. 제주도로 가는 선택지가 하나 더 생긴 거죠. 그동안 내가 알려고 하지 않았던 선택지는 이미 존재하고 있었다는 점. 그것을 알아차리면서 또 감사하고요. 내가 외면하려는 세계가 또 얼마나 많을까 싶기도 하고요.

집 근처에 야구장이 있어요. 가족이나 친구들과 가끔 이용해요. 학창 시절에는 농구나 배구를 보러 실내 체육관을 자주 다녔죠. 야구장, 농구장, 배구장 외에 우리 가족이 모두 가보지 않은 곳이 있었는데, 바로 축구장이더라고요. K리그에 대해서 잘 모르지만, 인근에 축구장이 있으니 거기도 한번 가보고 싶어요. 낯선 곳이지만 한번 가보면 또 다른 세계가 펼쳐지겠죠?

수현 님에게도 최근에 새롭게 열린 세계가 있으신지 궁금해집니다. 내일이 처서네요. 이제 곧 선선해짐을 기다립니다. 건강 유의하세요.

가을,
채워가는 마음

기다리지 말고,
만들어 보는 거예요

9월인데도 아직 날이 후텁지근합니다. 요 며칠째 저녁에는 열대야인가 싶을 정도로 더위가 가시질 않고요. 이제 곧 가을을 만날 수 있다는 기대를 하다 보니, 여름의 끝자락이 더욱 길게 느껴집니다.

화라 님께 답장을 쓰고 싶다는 마음은 일찍이 가졌는데 시간은 하염없이 흘려보냈습니다. 편지 쓰기에 좋은 순간을 기다리고 있었기 때문이지요. 매일 글을 쓰지만 이 편지만큼은 마음이 평화로울 때 쓰고 싶은 욕심이 있습니다. 제 힐링 시간이거든요. 첫째로 어떤 의무도 조건도 없이 쓰는 행위가 저를 즐겁게 하고요. 둘째로 상대가 반응을 곧장 하게 만드는 대화와 달리 편지는 무슨 말을 해도 듣고 기다려 주는 느낌이 들기 때문입니다.

있는 그대로 나의 이야기를 할 수 있는 시간이 하루에 몇 분 정도나 될까요? 어릴 땐 실수도 실패도 많았지만, 조금 더 쉽게 내 마음을 털어놓았던 것 같은데요. 나이가 들어갈수록 겉으로는 더 잘 살고 있는 것처럼 보이지만, 누군가에게 솔직한 이야기를 건네고 내 마음이 기뻐하는 시간은 줄어듭니다. 그런 시간이 아예 없는 날도 많고요.

사정이 이렇다 보니 화라 님께 편지를 쓰는 시간이 좋아서 마음이 평화로울 때를 기다리게 됩니다. '아이들 방학이 끝나면 써야지.', '조금 더 날이 시원해지면 써야지.'라는 말들로 평화가 찾아오기를 기다리고 있었네요. 자꾸만 때를 기다리는 마음을 발견하고 어중간한 일과 중에 그냥 노트북을 펼쳐서 글을 씁니다. 막상 편지를 쓰기 시작하니, 어느 틈에든 마음만 먹으면 평화는 글을 쓰는 순간 마련된다는 걸 깨닫습니다. 내가 만들 수 있는 평화인데 또 어딘가에 기대어 그것이 오기를 기다렸나 봅니다.

뱃길을 택한 새로운 제주도 여행은 어떠셨을지 궁금하네요. 가봤던 여행지이지만 새로운 접근은 새로운 시각을 만들고 새로운 마음을 만들지 않았을까 합니다. 제주도에 다녀오신 것도 부럽지만 비행기와 배, 두 가지를 모두 다 경험해 보신 것이 부럽네요. 뭐가 다를지, 어떤 장단점이 있을지, 그 느낌이 어떨지, 겪어보지 않고서는 모르잖아요. 그러면서도 배를 타고 가보려는 마음은 선뜻 만들지 못하네요. 또 겪어보지도 않고 고생길부터 떠올리며 피하는 저를 발견합니다.

돈이 중요하기에 하는 선택과 시간이 중요하기에 하는 선택. 무엇이 틀렸다고 할 수는 없겠지요. 저는 무엇을 선택하는 사람인지 생각해 보니, 돈과 시간보다는 에너지를 아끼는 편을 자주 선택합니다. 가장 귀한 게 에너지라서 무엇이든 최대한 하지 않는 방향을 선택하거나, 아는 길, 해본 것을 선택하는 편입니다. 뻔히 예상되는 것들 말입니다. 남들이 좋다고 해도 주저하고, 하고 싶은 마음이 있어도 벌써 털릴 에너지가 두려워 기대를 품기 어렵습니다.

사정이 이러니 하고 싶은 게 뭔지, 원하는 게 뭔지 과할 정도로 뾰족하게 집착합니다. '해보고 또 다른 거 해보면 되지 뭐.'라는 생각은 쉽게 들어서지 않고요. 그런데 "또 하나의 세상이 열리게 되었어요."라는 화라 님의 말씀에 '에너지 좀 털려봐도 괜찮지 않을까?', '두 배로 쉬어야 해도 다시 충전하면 되잖아.'라는 내면의 목소리를 만납니다. 에너지 아끼겠다고 가보지 않은 세상 속에서, 내가 알려고 하지 않았던 세상 속에서, 생각지도 못했던 삶을 만나고 새로운 나를 만들어 갈지도 모르겠다는 생각이 듭니다. 결심은 아니고 생각만요.

낯선 경험과 도전을 꺼리는 저에게도 꿈이 하나 있는데요. 전국의 도에 다 살아보는 거랍니다. 강원도, 경기도, 충청도, 전라도, 경상도에 한 번씩 다 살아보고 싶어요. 제주도는 거주보다는 특별한 여행지로 남기고 싶고요. 언제부터였는지는 모르겠는데 희한하게 그런 꿈이 생기더라고요. 한 동네에서 30년을 살았더니 그런 것 같기도 합니다. 극은 또 다른 극을 만들어 내는 걸까요? 남은 삶은 좀 떠돌아다니면서 균형을 맞추려고 하나 봅니다. 두 아들이 독립하고 나면 시작하고 싶은데 아직은 먼 미래 같기도 하고 한편으로는 그날이 금방 올 것 같기도 하네요.

저는 그 지역과 장소만이 주는 특별함이 좋더라고요. 그곳만의 분위기, 그곳만의 사람들, 그곳만의 풍경. 그것들을 되도록 다양하게 접해보고 싶어요. 여러 다름을 경험하면서 이질감과 불편함보다는 새로움과 고유성을 껴안고 싶고요. 여행을 다니는 느낌으로 몇 년씩 살다가 마지막엔 다시 부산에 정착해서 나머지 생을 사는 게 목표입니다. 그때의 부산 생활은 지금과 다르게 느껴지고 귀하게 여겨질 것 같아요.

평화가 올 때를 기다려 편지를 쓰려던 것처럼, 원하는 삶도 사정이 될 때까지 또 기다리겠지요. 생각했던 방식으로 온전히 경험하지 못하더라도 당일치기 여행부터 다녀봐야겠다는 생각이 듭니다. 때로는 가깝고, 때로는 멀게. 바라는 게 있다면 상황이 될 때를 기다리지 말고, 상황을 만들어 보는 것이 좋겠습니다.

어디로 갈지 정해놓지 않고 그달에 인연 닿는 곳으

로 가보는 겁니다. 화라 님과 주고받는 편지가 끝나기 전에 꼭 한 번은 다른 지역을 여행하며 쓰는 날이 오면 좋겠습니다. 그랬으면 좋겠다고 저 자신에게 말해봅니다. 이 마음을 들어줄 사람은 저밖에 없으니까요.

오롯이 나의 선택으로

풍성한 한가위 잘 보내셨나요?

유난히도 더웠던 추석이었어요. 뉴스에서는 연일 '추석(秋夕)'을 '하석(夏夕)'으로 바꿔야 하지 않냐며 기후 위기에 대한 이야기를 할 정도였어요.

답장을 쓸 좋은 시간을 기다린다는 이야기를 읽고 피식 웃음이 나왔어요. 비웃음이 아니라 '나도 그런데.'라는 공감의 웃음이요. 저도 지난 편지를 받고 '추석이 지나고 써야지.'라는 생각을 했거든요. 추석이 지나면 이야깃거리도 생길 것 같고, 큰 행사를 치러서 마음도 가벼울 것 같기도 하고요. 그런 마음에 추석이 끝나자마자 자연스레 편지를 쓰고 있는 건 아닌가 싶어요.

수현 님의 지난 편지에서 부산이 아닌 다른 도시에서 몇 년씩 살고 싶다는 이야기가 인상 깊어요. 저도 경남 특히 창원과 마산*에서만 살다 보니 '창원 토박이'라는 말을 듣기도 하는데요. 사실 타지로 가고 싶어서 애쓴 적도 많았어요. 하지만 제가 타 지역으로 가고 싶은 열망이 높을 때마다 다시 고향으로 이끈 건 엄마였지요. 부산에 있는 대학에 등록금까지 넣어두고 취소시킨 것도 엄마였고, 대학 졸업 후 5개월 만에 다른 지역에 있던 직장을 그만두고 돌아오게 한 것도 엄마였어요. 대학 때 부산이나 울산 등 큰 도시에 있는 대학 병원에서 실습할 기회가 있었지만 엄마의 요청으로 창원에 있는 악명 높은(그래서 아무도 가려

---

* 창원, 마산, 진해는 역사적으로 조선시대부터 한 지역이었으며, 일제강점기 당시의 일본과 초기 대한민국 정부의 정책에 의해 행정적으로 완전히 분리되었다가 2010년 7월 1일 다시 하나의 지역(창원특례시)으로 통합됐다. 아직도 지역 주민들은 통합 전 분리되었던 지명으로 창원시 의창구, 성산구를 창원, 마산합포구, 마산회원구를 마산, 진해구를 진해라고 부르고 있다.

고 하지 않았던) 병원에서 실습을 하면서 개고생한 경험도 있고요.

제가 엄마 옆에 있었던 반면, 동생은 부산으로 서울로 자유롭게 다닐 수 있었어요. 지금도 동생은 경기도에 살고 있고, 저는 마산에 살고 있으니 말이죠. 이런저런 일을 겪으면서 엄마가 보이지 않는 끈을 제게 매어놓은 건 아닐까, 하는 생각을 수도 없이 해보았답니다. '그때 부산에 있는 대학을 다녔더라면, 그때 그 병원을 계속 다녔더라면, 지금 어땠을까?' 하는 생각도 함께요.

지금 와서 생각해 보면 이 모든 것은 제 선택임을 잘 알고 있어요. 엄마가 매어둔 끈을 풀어버릴 수도 있었지만, 엄마의 사랑이라고 생각한 내 선택으로 창원에 남았고요. 이 지역 토박이인 남편을 내 선택으로 만났어요. 자연스럽게 고향에서 계속 살고 있네요. 같은 지역에 있으니 양가에서 주시는 반찬도 쉽게 가져다 먹을 수 있고요, 막히는 명절 귀향길이 없다는 좋은 점도 있어요. 시댁은 15분, 친정은 30분 만에 갈 수 있는 거리라서 길에서 버리는 시간이 없죠. 대신에 고향에 가는 설렘이 없고 북적이는 명절 고속도로 휴게소는 못 들르겠지만요.

엄마 때문이 아닌 모든 것이 나의 선택이었다,라고 생각하니 남 탓을 할 수도 없게 되네요. 너 때문이야, 엄마 때문이야, 너만 아니었어도! 등등 남 탓을 하면서 현실을 쉽게 회피할 수 있는데, 모든 것이 나의 선택이라고 인정하니 회피할 수 없는 불편함이 처음에는 불편하더라고요. 나이 사십이 지나면서 남아 있던 회피마저 내 선택 속에 묻혀버렸네요. 지금 나를 둘러싼 상황은 생각해 보면 모두 내 선택의 결과입니다. 남편과 아이들, 일하는 공간, 상황, 친구 관계, 만나는 사람 심지어는 늘어나는 체중까지도요. 모두 회피할 수 없는 내 선택의 결과입니다. 남을 의식했든, 안 했든 그 순간의 선택은 오롯이 나의 책임으로 남아 있어요. 이제 와서 누굴 탓할 수 없는 일입니다.

고향에서만 계속 살아오다 보니 다른 동네나 다른 지역에 가보는 걸 좋아하는지도 모르겠어요. 똑같이 사람 사는 곳이지만 공기가 다르잖아요? 간판도 다르고 말투도 다르고, 특산물도 다르고요. 그렇게 다른 걸 구경하는 재미가 쏠쏠해요. 다니다 보면 세컨드 하우스를 지어서 살고 싶다는 곳이 생기는데, 그것도 해마다 달라지고 있어요. 좋은 곳이 참 많더라고요.

그래서 매해 다른 지역을 여행하려고 해요. 처음에는 아이들에게 다른 도시, 다른 문화를 보여주기 위해서였지만, 이제는 내가 가고 싶은 곳, 궁금한 곳을 보고 싶은 호기심이 더 큽니다. 오롯이 나의 선택으로 내가 갈 곳을 결정하는 거죠. 그렇기에 떠난 그곳에서 어떤 상황이 생길지 기대되고요. 흥미롭습니다.

훗날, 수현 님이 몇 년 동안 머물고 있는 지역에도 여행을 가봐야겠습니다. 그곳이 어디든 제게는 아마도 처음 가는 곳일 거예요. 이미 가본 곳이라 해도 수현 님이 없던 그곳과 있는 그곳은 다를 테니까요.

대화를 나누면 얻는 것

화라 님은 비염 없으신가요? 저는 요즘 찡찡거리는 코와 씨름하느라 애를 먹고 있습니다. 아침과 저녁의 큰 일교차를 콧구멍이 견디지를 못하네요. 저는 초등학생 때부터 이비인후과 단골손님이었어요. 비염은 오래 끼고 산 고질병이라 이젠 병이라는 명칭보다는 삶을 불편하게 하는 일상 질환 정도로 여기며 살아요.

그런데 체질상의 문제와 단순 질환이라고 하기에는 삶의 질을 꽤 많이 떨어트려요. 비염이 심한 시기에는 하루 종일 집중이 되지 않거든요. 고등학생 때는 친구들에게 농담 섞인 말로 "내가 비염 때문에 공부를 못 한 거야."라는 말을 자주 했습니다. 조건만 되면 잘할 수 있는데 그렇지 못해서 성적이 나빴다는 말을 비염을 핑계 삼아 해봤죠. 영 틀린 말은 아니었습니다. 공부에 집중을 좀 해야 하는 날인데 재채기와 주르르 흐르는 콧물, 띵한 머리로 몰입이 어려웠거든요. 열심히 잘해보려고 해도 도저히 되지 않는 거죠. 그만큼 자주 코감기로 애를 먹었어요. 그러다가 도저히 안 되겠다 싶어서 약을 먹으면, 다행히 콧물은 멈추는데 약기운에 해롱대느라 집중하기는 또 실패로 돌아갑니다. 한마디로 진퇴양난인 거죠. 평생 미운 비염입니다.

가을이 되었는데도 물러가지 않는 더위로 곤욕을 겪은 게 엊그제 같은데, 이제는 갑자기 손발이 차가워지고 몸에 한기가 들기 시작합니다. 대체 어디에 장단을 맞춰야 할지요. 그래도 한탄만 하고 있을 수는 없으니 부지런히 몸을 챙겨봅니다. 걷기 운동도 하고 뜨끈한 연포탕도 먹고 왔어요. 어제는 가지 않는 더위를 원망하다가 오늘은 오지도 않은 추위를 겁

내고 있다니. 인간은 달력 속 시간이 아니라 자연의 시간을 따라 살아야 하나 봅니다. 이제 내년부터는 날짜를 기준으로 '날씨가 왜 이렇게 덥니, 춥니.' 이런 투정은 하지 않아야겠어요. 변하는 계절을 내밀하게 알아차리며 거기에 발맞춰 걷는 자연인이 되고 싶군요.

환절기 비염 증상과 급변한 날씨를 원망하느라 여름내 촉촉하게 유지하던 내면이 까칠해요. 내년의 저는 지금보다는 좀 더 유연한 삶을 살 수 있기를 바랍니다.

오늘의 편지는 평소와는 조금 다른 감응입니다. 지난주 마산에 가서 직접 화라 님을 영접하고 왔기 때문이지요. 모임에서 다른 사람들과 함께 만난 적은 있지만, 단둘만 만나서 독대해 본 적은 처음이라 색다른 느낌이었어요. 역시 사람은 때와 장소, 만나는 사람에 따라 각기 다른 모습을 보일 수 있는 능력자입니다. 화라 님의 또 다른 부분을 알게 되었고, 다른 사람이 아닌 저였기에 나눌 수 있는 대화가 따로 있었을 거라는 생각도 들었어요.

화라 님을 만나러 마산에 간 덕분에 또 하나의 터미널을 섭렵했습니다. 저는 터미널을 좋아해요. 어릴 적에 명절이나 방학이 되면 늘 창녕에 있는 외가에 갔었는데요. 부산에서 창녕으로 가기 위해 들렀던 터미널에 대한 향수가 남아 있습니다. 고향을 찾아 이리저리 오가는 많은 사람, 누군가에게 주려거나 받은 양손 가득한 짐 꾸러미, 맛있는 주전부리의 향기까지. 제게 터미널은 동네 시장만큼이나 사람 냄새나고 정겨운 곳입니다.

지금은 가족들과 여행을 갈 때 항상 자가용을 타고, 조금 멀리 갈 때는 대부분 기차나 비행기를 이용하니 터미널에 갈 일은 없습니다. 그래서 비록 여행은 아니지만 누군가를 만나기 위해 터미널에 가서 고속버스를 탄 건 일상 속 즐거운 이벤트였네요.

터미널에서 저를 차에 태우고 밥집으로 가는 동안 눈에 보이는 마산을 소개해 주고 지역의 이런저런 변화를 이야기해 주시는 화라 님이 인상적이었습니다. 나에게는 당연하고 익숙한 내 동네이지만 그곳을 낯선 사람에게 설명해 주려면 새롭게 들여다보고 깊이 생각해야 하잖아요. 화라 님의 친절 속에서 따스함도 느끼고 고향을 향한 애정도 엿볼 수 있었습니다. 저는 그런 애틋한 마음이 좋아요.

화라 님이 사주신 보리밥은 잊을 수가 없습니다. 여러 가지 나물과 꽃게 가득 든 된장찌개, 양념이 달큼했던 갈치조림까지. 다시 떠올려도 군침이 돕니다.

주부가 되어보니 가장 기분 좋은 일이 누군가의 손맛이 깃든 밥상을 받는 일이더라고요. 밥을 해주어야 하는 처지에서 벗어나서 숟가락만 들면 밥을 먹을 수 있다는 건, 그 자체만으로도 행복한 일입니다. 내 앞에 있는 음식들이 무(無)에서 유(有)가 되기까지 얼마나 많은 과정과 노고가 있었는지 알고 있기에 그렇겠지요.

함께 갔던 카페도 인상적이었습니다. 왼편 창에는 산이, 오른편 창에는 바다가 보여 매력 있었어요. 정신없이 이 얘기 저 얘기 수다를 떨다 보니 집에 가야 할 시간이 금세 와 있더라고요. 책을 읽고 좋은 강의를 듣는 것도 좋지만 사람과 직접 대화를 나누면 언는 것이 많습니다. 나와 다른 그 사람은 또 어떤 삶을 가졌고, 어떤 생각을 가졌는지 알게 되면서 나를 점검하고 나를 넓힙니다. 그것은 큰 즐거움입니다.

아무래도 오래 알고 지낸 사람은 함부로 단정하기도 쉽고, 다 안다고 생각해서 더 이상 궁금해하지 않는 게으른 마음을 갖게 될 때도 많은데요. 그런 면에서 아직은 조금씩 알아가는 단계인 화라 님과의 대화는 말을 나누는 시간을 갖는 것, 그 자체로 의미 있는 시간이었습니다. 덕분에 또다시 나를 알아가고 내 삶을 다지게 되었고요. 저와의 만남이 화라 님께도 뜻깊은 시간이었기를 바랍니다.

다음에는 부산에 오세요. 자주 와보셨겠지만 그래도 저와 함께하는 부산은 또 다른 경험이 될 테니까요.

수현 님 걷기 좋아하시나요?

이제 손끝이 시려오는 쌀랑한 가을 날씨가 되었어요. 수현 님의 비염은 괜찮으신가요? 아니 잘 토닥여 가며 지내고 계신가요. 사실 저도 비염이 있는데요, 수현 님만큼 심하진 않으나 사계절 내내 맑은 콧물과 함께하는 삶이 된 지 참 오래되었습니다. 먼지나 공기 질에 민감하고, 재채기 후 항상 콧물이 흐르는데요. 우리 몸에서 필요 없는 것을 몸 밖으로 배출하는 과정이라 생각하면 고마운 증상입니다. 남들보다 민감해서 불편한 것도 많지만, 둔감한 채로 편하게 살다가 속에서 염증이 곪아가는 것보다 낫지 않을까,

스스로 위로를 해봅니다.

수현 님 걷기 좋아하시나요? 저는 가족과 함께 1년에 두 번, 걷기 대회에 참가합니다. 코로나 시기 바깥 활동이 줄어들면서 가족들과 걷기를 시작했는데요, 마침 걷기 대회가 있어서 자연스레 참여하게 되었어요. 여럿이 걷는 느낌이 좋아 지역에서 정기적으로 열리는 걷기 대회를 찾아보게 되었어요. 그렇게 지금은 봄에 한 번, 가을에 한 번 걷기 대회에서 가족과 함께 걸으며 이야기 나누는 시간을 일부러 갖고 있습니다.

걷기 대회는 주최 측에서 준비한 것을 무료로 누릴 수 있는 기회가 많아요. 참가비도 무료이고요. 음료를 제공하는 부스에서는 커피와 차, 아이들에게는 작은 주스를 주고 생수도 1인 1병을 제공하지요. 참여한 모든 사람에게 스포츠 브랜드의 양말을 한 켤레씩 줍니다. 초청 가수의 공연도 볼 수 있고요, 모두가 기다리는 경품 추첨의 기회도 있죠.

사실 사람들은 경품 당첨을 가장 중요시하는 것 같아요. TV부터 전자레인지, 에어프라이어, 공기 청정기, 헤어드라이어 등 가전제품을 상품으로 주는데요. 어느 집에서나 다 필요한 물품이라 더 그런 것 같습니다. 내 번호가 불리길 기다리면서도 어떤 면에서는 '사람들이 공짜로 주는 상품만 보고 걷기 대회에 참여하는 것이 속물 같은가?'라는 생각도 해보았어요. 마라톤처럼 참가비가 있는 것도 아니고 모든 것이 무료에다가 그중에 선택된 20여 명은 크고 작은 경품까지 당첨되니 말이죠.

어제 참가한 코스는 총 50분 정도가 걸렸어요. 봄에 참여하는 코스는 약 2시간 걸리는 데 비해 가을 코스는 평소에도 즐겨 찾는 곳이라 부담도 없었고요. 학원 보강이 있다는 청소년 아이들은 두고 남편과 둘이 그 길을 걸으면서 아이들이 어렸을 때 함께했던 추억도 나누고, 이런저런 이야기들을 하면서 반환점을 돌아 출발점으로 되돌아왔습니다.

경품 추첨 시간까지 약 20분이 남아서 무료 찻집에

서 주는 믹스커피를 받아 들고 운동장 스탠드에 앉아서 사람들을 구경했어요. 직장 동료와 함께 온 팀, 어린 자녀와 반려견을 동반한 가족, 친구와 함께 온 젊은 세대, 할머니-딸-손녀가 함께하는 가족 등 참가한 모습은 다 달랐어요. 가져온 돗자리를 펴고 운동장에 앉아서 다과를 즐기기도 했고요, 아빠와 아들은 공놀이며 캐치볼을 하기도 했죠. 물론 혼자 온 사람도 있었고요.

경품 추첨을 기다리는 사람들의 모습은 모두 달랐지만, 누군가와 함께 이 시간을 즐기고 있음은 분명했어요. 사람들이 도착하는 시간에 맞춰 초청 가수는 여러 곡의 노래를 불러주었어요. 무대 앞에서 가수의 공연을 응원하는 사람도 있었고요, 그 모습을 바라보는 사람들도 있었죠. 여럿이 노래를 부르며 즐기고, 혼자 온 사람도 주변에 있는 사람들을 보면서 재미를 느꼈을 테고요. 산길을 오르내리는 동안 건강을 챙기는 시간도 되었지요. 행사 안내를 하는 학생 한 명은 오르내리는 사람들에게 일일이 고개 숙여 인사를 하더라고요. 그런 학생에게 참가하는 중년 여성 한 분이 사탕을 건네기도 했어요. 또 교통 안내를 위해 경찰도 나와 있었어요.

그 모습들을 보면서 이 시간을 즐기게 해준 주최 측과 참가자 모두에게 고마운 마음이 들었어요. 걷기 대회 참여한 지 몇 년 만에 이제야 이런 게 눈에 들어오더라고요. 경품 당첨만 바라는 속물이 아니라 그곳에 있었던 모든 사람이 그 행사를 만들어 가고 있다는 것, 작지만 나도 그 속에서 함께였다는 것을 알아차린 뜻깊은 시간이었어요.

미끼 상품 같았던 경품이 진짜 '미끼'일지라도 게으름 부리기 쉬운 일요일 오전에 청량한 공기를 마시며 건강도 챙기는 '미끼'를 물었다 생각합니다. 알지만 또 미끼를 물러 내년을 기약해야겠습니다. 언젠가는 다른 지역의 걷기 대회도 참여해 보고 싶어요. 또 다른 장소에서 그 속에서만 느낄 수 있는 에너지가 어떤지 궁금해집니다.

내가 선택한 시간 속에서

화라 님의 걷기 대회 이야기를 읽으며 너무 좋았겠다는 생각이 들었습니다. 누가 참여하는지, 뭘 주는지, 참여비도 없이 상품을 받는 일에 어떤 정의를 내릴 수 있는지에는 관심도 없이, 내내 한 가지 생각만 했어요.

'걷기 대회가 남편과 추억 쌓기 좋은 데이트구나.'

모든 사람이 그렇겠지만 저는 특히나 추억을 많이 먹고 사는 편입니다. 때론 심각한 이상주의자 같기도 하고, 의미 부여 중독자 같기도 합니다. 남편과의 걷기 대회란 그냥 함께 건강을 챙기기 위한 명목이거나, '주말에 딱히 할 일도 없는데 때마침 잘된' 정도의 시간 보내기 용일 수 있는데 말이지요. 무경험자는 괜히 로맨틱한 상상을 해봅니다. 함께 걸으며 나누는 대화의 기쁨, 운동하며 마시는 커피의 단맛, 각자의 사연을 품고 참여한 사람들의 모습. 떠올린 장면이 모두 특별함으로 다가옵니다.

사실은 아파트 게시판에 붙어 있는 걷기 대회 안내문을 두 번이나 보고도 그냥 지나쳤습니다. 보고도 감응이 없었던 이유는 경험이 없기 때문인 게 클 것입니다. 걷기나 마라톤 대회는 왠지 마니아들의 성역처럼 느껴지더라고요. 저도 매일 오천 보 이상은 걷는데도 걷기 대회에 참가해 볼 생각은 하지 못했습니다. 그런데 화라 님이 생생히 그려주신 걷기 대회 장면 덕분에 가보고 싶은 마음이 생기네요. 아이들 없이 남편과 단둘이 데이트처럼 누려보고 싶지만, 아직은 두고 가기 어려운 나이라서 함께 걸을 수밖에 없네요. 막내가 다리 아프다고 징징거리는 소리가 벌써 들리는 듯하지만, 중도에 포기하고 돌아오더라도 한번은 참여해 보고 싶어요. 추억을 심하게 먹고 사는 저에게 좋은 기억 하나를 또 저장하는 일이 될 테니까요.

경품 행사를 보며 하신 생각에도 공감이 갑니다. 사실 주 행사보다 더 집중하는 시간이 되기도 하잖아요. 경품은 미끼라고 말씀하신 게 어쩌면 사실일지도 모릅니다. 하나의 행사를 완성하기 위해 사람뿐만 아니라 상품도 한 역할을 차지한다고 볼 수 있으니까요.

결혼 전에 회사에서 정부 지원금을 받아서 가족 복지 지원 사업을 했었는데요. 결국은 그런 사업비들이 모두 주민들의 물질적, 정서적 복지를 위한 일이었어요. 사람들이 가진 문제를 해결하는 활동도 중요했지만, 더 중요한 건 문제 예방을 위한 행보였고요. 그런 차원으로 생각하면 걷기 대회를 통해 시민들이 건강한 하루를 보내고 가족들과 즐거운 시간을 누리는 건, 작은 일이지만 나비 효과가 되어 큰 도움이 될 수 있는 일이기도 할 것입니다.

혹시 모르잖아요. 우연히 걷기 대회에 한 번 참가해 즐거움을 맛본 누군가가, 그날 이후로 매일 걷기를 실천하며 자신의 생명을 연장하는 더 큰 경품을 얻게 될지도요. 개인의 건강은 정서적 고립이나 질병, 이혼이라는 사회적 문제를 예방하는 길이 되기도 하니 그 영향력은 매우 큽니다. 그렇다면 그날 무료로 나누어진 고마운 물품과 손길들은 생명을 살린 구호용품이 되는 셈이지요.

제가 너무 거창했나요? 결론은 마음이 끌리는 시민 참여 활동이 있다면 즐겁고 신나게 누리고, 기꺼이 경품도 챙겨오시기를 바란다는 말이었습니다. 그것이 혼자만의 이득이 아니라 우리 모두를 돕는 일이 되니까요.

걷기 대회 이야기와는 상반되게 요즘 저의 생활은 단조롭다 못해 밋밋하고 싱겁습니다. 오늘이 며칠인지, 무슨 요일인지도 모르는 채로 살고 있어요. 사는 게 바빠서 날짜를 모르는 게 아니라 Ctrl+c(복사), Ctrl+v(붙여넣기) 하듯 똑같은 일과를 살고 있어서 그렇습니다. 지금의 일상이 익숙해져서 원래 그런 사람이었던 것 같은 착각까지 들어요. 저는 초등학생 때부터 하교 후 곧바로 귀가한 적이 거의 없습니다. 대학생 때도 집은 그저 잠자러 들어가는 자취방의 역할만 했을 정도로 사람들 만나는 걸 좋아하고 밖에 싸돌아다니는 성격이었어요. 그런데 마흔을 기점으로 혼자 있기를 즐기는 사람이 되어버렸네요. 삶의 우선순위가 뚜렷해지고 에너지도 예전 같지 않으니 만남을 함부로 선택할 수가 없더라고요. 그러고 싶지도 않고요. 단조롭지만 고요한 지금이 좋습니다. 알고 보면 거창하게 좇았던 그 행복이 이것 아닌가 싶기도 하고요.

저는 사람들과 함께할 때 편하게 있을 자신이 없습니다. 그곳의 분위기나 사람들의 기분을 계속 살피고, 이야기에도 너무 빠져버리거든요. 어울리며 관계하는 게 좋긴 한데, 에너지가 많이 드는 일이라 돌아와서 녹초가 되거나 후회할 때가 많았어요. 마음이 앞서서 몸을 챙기지 못했습니다. 이젠 즐거움과 기쁨 대신, 평화로움과 안정을 더 갖고 싶은 시기가 찾아온 것 같기도 해요. 마음은 여전히 재밋거리를 원한다고 발버둥을 치는데, 몸은 훨씬 편안해하니 그것도 좀 지켜봐야겠습니다. 오늘이라는 나의 24시간을 내가 원하는 것을 위해 야무지게 써보려고요.

요즘 제게 중요한 건 낮에는 운동하고 글을 쓰는 일이고요. 오후에는 독서하고 가정일에 신경 쓰는 것입니다. 이렇게 지루한 삶이 있을까, 싶을 정도지만 저 자신을 들여다보면서 알게 되었어요. 지금 내가 원하는 건 성실히 나와 내 가족을 돌보는 시간이라는걸요.

그날이 그날 같지만, 또 그렇지도 않습니다. 잠들기 전 하루 일기를 쓰면 같은 날은 단 한 번도 없었다는 진실을 만나게 되더라고요. 별것 아닌 하루라도 내가 선택한 것들로 채워가니 아깝게 느껴지는 시간도 없습니다. 뭐 지금은 그렇다는 말입니다. 또 언제 변할지 몰라요. 인간은 원래 그런 존재잖아요.

화라 님의 요즘은 어떤 모습일지 궁금해지네요. 워낙 에너지 넘치고 여러 일을 동시에 하는 게 가능한 분이시라 여전히 역동적인 하루하루를 보내고 계시겠지요?

가을바람이 쌀쌀한 것 같으면서도 따스한 햇볕이 몸을 훑을 땐 아직은 충분한 가을임을 느낍니다. 걷기 좋은 이 계절, 색색깔의 단풍들과 자주 데이트하시길요. 2024년의 가을은 생애 단 한 번뿐이니까요.

글쓰기란 개인에게 어떤 의미일까?

11월이 되어도 단풍이 진하게 물들지 않는다는 소식이 들려요. 그도 그럴 것이 원래 11월은 약간 도톰한 옷을 걸치고 울긋불긋 물든 단풍을 보는 재미가 있는 늦가을이잖아요. 하지만 이번 11월은 아직 땀이 나는 더운 날씨니 말입니다. 점점 더운 날이 많아지는 계절을 느끼면서 내 기억 속의 사계절과 우리 아이들이 기억하는 사계절의 차이가 많겠구나. 여러 가지로 아쉬운 마음이 듭니다. 올해 가을은 이렇게 느끼며 보고 지나가는데, 과연 내년에도 오늘을 기억할까 싶어요. 모든 것을 기억한다면 그 기억이 지금의 나를 잠식하는 일도 생기겠죠. 드라마 「도깨비」에 나오는 주인공처럼 떠올리고 싶지 않은 기억에 괴로워할 수도 있고, 과거의 영광에 머물러 지금에 충실하지 못할 것 같기도 하고요.

그런 면에서 수현 님이 요즘 중요시하고 있는 글쓰기는 내 기억을 옮겨놓기에 참 좋은 도구인 것 같아요. 쓰고 잊어버리고 싶어서 쓰지만, 어떤 면에서는 쓰고나서 기억에 더 또렷하게 남기도 하죠. 하지만 그날의 감정, 소소하게 느꼈던 것을 기억으로 다 갖고 있기엔 뇌 에너지가 낭비될 것 같아요. 중요한 것만 따로 남기고 포맷을 하면 컴퓨터 성능이 더 좋아지곤 하죠. 속도도 빠르고요. 사람의 뇌는 포맷할 순 없지만, 단기 기억의 일부라도 글쓰기로 옮겨놓는다면 그 부분에 있어서는 성능이 더 좋아지지 않을까 싶은 마음입니다.

사실 10여 년 전, 블로그를 시작한 이유도 이런 단기 기억 때문이었어요. 도서관에서 대출해서 읽었던 책을 처음 보는 것처럼 생소하게 다시 빌려온 것이 그 시작이었죠. 30대 초반의 나이에, 읽었던 책을 기억 못 하다니! 스스로에게 충격을 먹었어요. 뇌가 싱싱하게 돌아가는 것을 의심 없이 믿었다가 뒤통수 맞은 느낌이었어요. 그래서 블로그에 읽은 책을 기록하기 시작했지요. 혹시라도 도서관에서 책을 빌릴 때, 읽었던 책인지 손쉽게 검색하기 위해서 독서 노트 대신 블로그에 글을 작성했고요. 그렇게 몇 년의 시간이 지나면서 기록하기 참 잘했다는 생각이 들어요. 그 많은 책의 소감을 어떻게 다 기억할 수 있으며, 그 때의 나와 달라진 지금의 내가 과거에 기록해 놓은 활자를 보면서 생각과 소감을 비교할 수 있다는 것이 가장 큰 장점인 것 같아요.

제 주변에 있는 사람 중에서 글을 가장 많이, 자주 쓰는 사람 중 한 명인 수현 님을 보면서 글쓰기란 개인에게 어떤 의미일까?라는 생각도 해봅니다. 첫 번째 책을 내고 나서 주변에서 글을 쓰고 싶다는 사람들의 연락을 종종 받았습니다. 모두 모르는 사람들이었는데요, 지인의 지인인 경우가 많았어요. 주변에 책을 낸 사람이 있다고 하니 연락을 해보고 싶다고 한 듯해요. 그렇게 메시지로, 전화로 또는 만나서 이야기를 들어보면 지금 글쓰기를 하지 않지만, 책을 출간해 유명해지고 싶다는 뜻이 대부분이었어요. 그런 분들을 보면서 과거 제 모습을 보는 것 같았는데요. 평소에 글을 쓰는 것을 즐기는 것이 아니라 목적성 있는 글쓰기만 추구하는 것이죠. 책을 내던 초반에 제가 책 쓰기를 배웠던 선생님이 계시는데요, 그 선생님은 제게 '책을 쓰려고 하지 말고 글을 쓰라.'고 하셨어요. 그때 제 모습을 보게 되었어요. 나는 글쓰기를 좋아하는 것인가, 책을 써서 유명해지려고 글을 수단으로 삼는 것인가. 그 이후로 저는 책 출간과 함께 '그냥 글쓰기'도 즐기고 있어요. 그냥 글을 쓰고, 삶을 기록하는 수집가처럼요.

수현 님이 보시기에 항상 대외적으로 많은 활동을 하는 것 같이 보이는 저는 요즘 굉장히 조용히 지내고 있어요. 유일한 외출이 필라테스 수업 1시간인 날도 많고요. 가족 외에는 이야기 나눌 사람이 없는 날도 많아요. 이런 시기가 필요하다고 생각하는데요, 밖으로 쏟는 에너지가 줄어들다 보니 자연스레 그 방향이 나에게로 향합니다.

읽어야 하는 책이 아닌, 내가 읽고 싶은 책을 읽고요, 써야 하는 글이 아닌 내가 나누고 싶은 이야기를 쓰고 있어요. 만나야 할 사람이 아닌 만나고 싶은 사람을 만나는 일도 좋고요. 누군가에게 등 떠밀려 하는 일이 아닌 내가 하고 싶은 일을 하는 것도 좋아요. 어느 순간 나의 에너지가 충분해지면 다시 밖으로 향할 것 같아요. 아니 그럴 거예요. 삶의 주인이 '자기 자신'이어야 한다는 말에 예전부터 공감을 했지만 언제 그랬냐고 물어본다면 오히려 '지금'이라고 말할 수 있을 정도네요. 수현 님이 말한 지루한 삶과 흡사한 것 같아서 지난 편지를 읽으면서 '안 지루해 보이는데.'라는 생각이 들었답니다.

글쓰기는 이런 삶에 스스로 소통할 수 있는 유용한 도구가 아닌가 싶어요. 아니, 거의 유일하다고 생각해요. 밖으로 내놓지 못하는 글이면 또 어때요. 쓰는 일 그 자체로 만족하면서 조용한 생활이 이어지는 오늘을 그저 즐길 뿐입니다.

글쓰기는 나라는 존재를 드러내는 방식

어제는 첫눈이 내렸습니다. 당연히 따뜻한 남쪽 나라 부산에 사는 저는 눈을 눈으로 직접 보지 못했지만, 블로그 이웃들의 포스트나 단체 대화방 여기저기에 가득 찬 설경 덕분에 대리 만족할 수 있었네요.

여름이 끈덕지게 물러가지 않더니, 가을도 그러려나 싶은 찰나에 갑자기 겨울이 '까꿍' 하며 고개를 내밀었어요. 이달 초까지도 반팔 티셔츠에 집업 후드 하나 걸치고 돌아다녔는데, 어느새 거리에는 두꺼운 패딩 점퍼와 털모자가 눈에 띕니다. 늦게 추워지겠지 싶어 겨울옷 점검도 미리 못했더니 생활이 뒤죽박죽

난리입니다.

오늘 큰아이 등교를 살피다가 작년에 입혔던 패딩 점퍼 세 개의 소매가 모조리 댕강해진 걸 알게 되었어요. 저녁 일정은 선택의 여지 없이 쇼핑 당첨입니다. 쑥쑥 커가는 아이들을 보며 옷이랑 신발 살 때가 가장 돈이 아까웠는데 이제는 저랑 사이즈가 비슷해져서 쇼핑 타이밍이 오면 오히려 좋습니다. 아이와 제가 같이 입을 수 있는 용으로 나름의 의논을 해서 사거든요. 남자아이라 싫을 수도 있을 텐데 다행히 별다른 이의가 없네요. 어차피 아이는 곧 저를 앞질러서 자랄 테니, 오늘도 옷 선택에 제 입김을 불어 넣어 보아야겠습니다.

오늘 아침에 화라 님이 브런치 스토리(Brunch Story)* 에 올리신 '필라테스와 독서의 공통점'이라는 글을 흥미롭게 읽었어요. 전혀 상관없어 보이는 두 활동인데 비슷한 부분이 있어서 신기했어요. 어쩌면 종류는 다르지만, 두 가지의 공통된 부분에 관한 기호가 그

* IT 기업인 카카오에서 운영하는 글쓰기 플랫폼

것들을 선택하게 했을지도 모르겠군요. 글 내용을 종합해 보면 화라 님은 하기 싫은 마음이 들어도 할 수 있는 행동력이 있고요. 반복해서 하는 활동을 통해 성장하고 새로운 자신이 되는 걸 좋아하시네요. 수없이 지난한 마음을 스스로 뛰어넘는 자기와의 싸움에도 능통하시고, 힘든 걸 끝냈을 때의 성취감을 사랑하는 사람이기도 하고요. 그리고 혼자도 좋지만, 독서도 필라테스도 사람들과 함께하면서 도움을 주고받고 교류하고 연결되는 걸 좋아하시는 분 같았어요. 글을 읽으며 화라 님에 관해서 계속 알아가려는 저를 보며 '나는 사람을 궁금해하고 알기를 원하는 사람이구나.'라는 것도 함께 알게 되었습니다.

필라테스 덕분에 독서를 더 오래 할 수 있다는 것도 공감되어요. 저에겐 걷기가 그런 일이거든요. 책을 읽고 글을 쓰는 삶을 살면서 역설적으로 더 많이 움직이고 걸어야겠다는 마음이 자연스럽게 피어올랐어요. 맨손 운동이나 스트레칭도 예전보다 더 자주 하고요. 오래 앉아 있는 일에는 체력이 필수입니다. 걷고 나면 영감이 떠올라 글 한 편을 쓰기도 하니, 둘은 상호 보완 역할을 해주어서 좋습니다.

주변에서 글을 많이, 그리고 자주 쓰는 사람 중 한 명이 저라는 말씀에 상을 받는 기분이었습니다. 우선 쓰는 사람으로 살아가고 싶다는 스스로와의 약속을 잘 지키고 있는 것 같아서 기쁘고요. 다음으로는 이 정도 쓰는 양(완성도와는 별개지만)이 평범한 건 아니라는 사실을 알게 되어 뿌듯합니다. 글과 친하게 지내는 지금의 삶이 행복하고 감사하네요.

'글쓰기란 개인에게 어떤 의미일까요?'라고 주신 질문에 잠시 침잠해 보며, 그 의미는 모두가 다르고, 한 사람에게도 한 가지가 아닌 여러 의미가 있을 거라는 생각이 듭니다. 그 다양한 의미 중 저에게는 자기표현 욕구와 자기 이해에 대한 해소가 큽니다. 제게 글쓰기는 나라는 존재를 드러내는 방식과 의미이기도 하고, 또 다른 하나를 떠올려 보자면 수집의 목적이 있습니다. 내가 가진 생각이라는 창조물이 휘발되지 않고 글로 구현되고 수집되는 게 좋아요. 어릴 때부터 우표 수집, 연예인 사진 수집, 편지 수집, 다양한 수집을 했는데요. 지금은 생각을 수집하고 글로 보관하는 글쓰기를 즐기고 있나 봅니다.

화라 님이 말씀하신 기억을 저장하는 도구로서의 의미도 이와 비슷한 맥락이지 않을까 합니다. 흐려질 수밖에 없는 이 기억, 그때의 내가 아니었다면 만들 수 없었던 언어들을 내가 기억하는 대신 글이 소중하게 보관하고 있는 거죠. 이야기하다 보니 글을 쓰는 이유와 의미도 결국 '나'라는 사람에 귀결되어 보입니다.

나를 위해 선택하는 삶의 도구가 사람마다 다양하지만, 우리는 글쓰기라는 도구를 선택했고 그것이 의미 있는 활동이네요. 곁에 화라 님이 계셔서 기쁩니다. 제겐 첫 글쓰기 친구이자 유일한 문우(文友)입니다. 커뮤니티 모임이나 동아리에서 잠시 스쳐 지나간 사람은 있지만 가까이에서 긴밀하게 서로의 글을 읽고 함께 이야기 나누는 친구는 없으니까요.

며칠 있으면 크리스마스 캐럴이 여기저기서 울려 퍼지겠지요. 아, 올해는 오래도록 미뤄왔던 산타의 실체를 밝힐 때가 되었습니다. 미리 선물을 준비할 필요가 없어서 좋군요. 어차피 믿진 않겠지만 그래도 이젠 크리스마스 방문이 종료되었다고 산타인 척 편지를 남겨두어야겠습니다. 꿈과 환상보다 사실과 현실을 배워가는 시기가 되어버린 게 아쉽지만, 그 또한 성장의 증거이니 새로운 단계를 반갑게 맞이해 보겠습니다.

어제의 행복에 매달려 오늘의 새로움에 소홀하지 않기를요. 글쓰기도, 동심도, 우리의 만남도, 영원히 붙잡으려 하지 말고 지금을 오롯이 즐겨보아요.

변화는 상실이 아니라 새로운 탄생이니까요.

겨울,
치유하는 마음

가장 큰 경사와 가장 큰 위기

우리가 마음 편지를 시작하고 두 번째 만남을 가졌네요. 올 한 해 무엇을 했는지 이룬 것이 하나도 없는 것 같은 연말을 보내고 있던 중이었지요. 그러다 우리의 만남을 앞두고 그동안 써온 편지를 찬찬히 훑어보면서 '아, 이런 이야기를 주고받았구나, 우리의 이야기를 기록하고 있었구나.'라는 뿌듯함을 느끼기도 했어요. 그래서 우리가 만나 어떤 이야기를 나눌지 기대하고 계속 기록될 우리의 이야기도 궁금해졌습니다.

'글쓰기 친구', '문우'라는 표현이 제겐 열기구를 타고 하늘로 올라가는 기분이었습니다. 책을 몇 권 써 보았다고는 하지만 저는 솔직히 고백하건대 글쓰기를 즐기는 사람은 아니었습니다. 시험 기간에 벼락치기 하듯 책을 썼고, 다른 날에는 다른 이들이 쓴 글이나 책만 읽는 한량과도 같았거든요. 그러면서 나의 글쓰기 실력이 왜 늘지 않을까, 나름 고민하기도 하고요. 저는 그런 고민을 하면서 동시에 그 원인을 알고 있었지요. 나의 일상 중에 글쓰기가 얼마나 들어 있는지를 생각해 보면 충분히 알 수 있는 부분이었거든요. 그렇게 올해부터 일상의 기록을 더 많이 하려고 노력했고, 이 편지 또한 그것의 일부가 되어주었어요. 편지의 파트너로 삼아주셔서 감사합니다.

요즘은 혼돈의 시대가 온 것 같습니다. 마치 아마겟돈과 같이요. 아마겟돈은 성경의 「요한 계시록」에 나오는데 선과 악의 세력이 싸울 최후의 전쟁터이며 팔레스타인의 도시 '므깃도의 언덕'이라는 뜻이라고 합니다. 영화로도 제작되어 아마 단어가 낯설진 않으실 것 같아요. 나라와 나라, 나라와 국민, 개인과 개인이 싸우는 일이 참 많이 일어납니다. 그 혼돈 속에서 중심을 잡아야지, 한쪽으로 휩쓸릴까 봐 조마조마한 것도 사실입니다.

오늘 필라테스 운동은 골반 정렬이었어요. 한쪽 다리가 가벼운 상태에서 유난히 힘을 못 쓰는 골반 쪽이 있었어요. 강사님은 약한 쪽이 힘을 못 쓰기 때문에 몸이 치우치게 된다고 하셨죠. 거울을 보니 세상에, 제 몸은 이미 한쪽으로 기울어져 골반의 좌우 높이가 눈에 띄게 달라져 있었어요. 강사님이 치우친 골반을 받쳐주시니 중앙으로 몸이 오긴 하는데, 스스로 그 위치를 유지하기가 힘들더라고요. 한겨울이지만 이마에 땀이 송골송골 맺혔답니다.

힘을 주어 중앙으로 중심을 잡으려고 하는 일이 쉽지 않았어요. 마치 혼돈 속에서 누군가가 저를 끌어당기는 것과 같았죠. 지금 일어나는 혼돈이 나에게 주는 의미는 무엇일까 생각해 보기도 합니다. 왜 이런 일이 생겼으며 사람들은 서로를 비난하고 저주를 퍼붓는가. 「요한 계시록」의 아마겟돈이 지금 이 세상과 다를 게 무엇이 있을까 싶기도 하고요. 누군가는 그러더라고요. 악은 지혜로 물리칠 수 있다고. 오늘 밤* 12시에 스웨덴에서 노벨 문학상을 수상하는 한강 작가는 강연에서 이런 말을 했어요. "세계는 왜 이토록 폭력적이고 고통스러운가? 동시에 세계는 어떻게 이렇게 아름다운가?" 그러면서 "첫 소설부터 최근의 소설까지, 어쩌면 내 모든 질문들의 가장 깊은 겹은 사랑을 향하고 있었던 것이 아닐까?"라고 덧붙였어요.

지혜와 사랑이 있기에 우리는 지금 이 혼돈의 소용돌이에서 빠져나갈 수 있을 거라 생각됩니다. 한국의 가장 큰 경사**와 가장 큰 위기***가 함께 온 것도 대한민국과 그곳에 살고 있는 사람들에게 보낸 메시지라고 생각합니다.

크리스마스가 있는 12월이면 가게에서, 길거리에

---

* 2024년 12월 10일

** 한강 작가의 2024년 노벨문학상 수상

*** 2024년 12월 3일 윤석열 당시 대통령이 비상계엄을 선포한 일

서 울려 퍼지는 즐거운 캐럴 덕분에 특별한 일이 없어도 마음이 들뜨곤 합니다. 올해는 연말 모임에 참석을 해도 마냥 즐거워할 수만은 없는 그런 12월이 되었네요. 수현 님의 집에 올해 산타 할아버지가 못 오시는 것도 또한 아이들에게는 큰 이슈가 아닐까 살짝 걱정도 됩니다만, 이미 아이들은 알고 있는지도 모르겠네요.

중국어로 '우웨이(无为 무위)'라는 단어의 뜻은 '어떤 일이 순리대로 흘러가도록 간섭하지 않고 두는 것.'이라 합니다. 당시의 시대도 혼란했기에 이런 단어가 생긴 게 아닌가 싶어요. 우리는 간섭하지 않고 기다려야 할까요? 선이 이길 수 있는 방법을 어떻게 찾아야 할까요?

여러 가지 물음을 많이 남기며.

사랑이 우리의 본성임을 기억해요

화라 님께 보내는 2025년의 첫 편지입니다.

벌써 새해가 시작되었다는 게 실감이 나지 않네요. 여전히 작년이라는 시간에 남겨두고 온 것이 많아서 그런가 봅니다. 놀람을 넘은 혼돈의 시간, 슬픔을 넘어 비통함으로 가득했던 시간이 2024년의 마지막을 장악했습니다. 현재를 살라는 말을 붙잡고 사는 편이지만 지금과 같은 상황에선 일부러라도, 아니 억지로 노력해서라도 지난 과거를 끌고 와 살아야 한다고 저 자신에게 말해봅니다.

세계는 왜 이토록 폭력적이고 고통스러우며, 동시

에 어떻게 이렇게 아름다울 수 있는지에 대한 한강 작가의 근원적 질문이 깊이 사무치는 요즘입니다. 우리는 두 가지 모두가 진실인 '삶'이라는 세계에서 살아갑니다. 하나는 거부하고 싶은데 말이죠. 하지만 더 깊이 들여다보면 그 두 가지는 하나의 맥으로 이어지기도 합니다. 하나의 지점이 반대의 지점을 더욱 강하게 만든다는 것도 간과할 수 없고요.

우리는 아름다움을 알기에 폭력을 폭력이라고 할 수 있습니다. 고통이 무엇인지 알기에 서로를 위로하고 사랑을 실천할 수 있습니다. 모든 게 존재하기에 어떤 존재가 될 것인지 선택할 수 있는 자유가 우리에게 있습니다. 말씀하신 것처럼 온 국민이 아마겟돈과 같은 시기를 지나고 있습니다. 그리고 우리 가슴에 키워야 할 것은 바로 내 안의 사랑임을 모두가 느끼고 있습니다. 분노하고 애통해할 수 있는 것 모두 우리 안에 따스함과 사랑이 있기 때문입니다.

빛과 어둠이 있고, 들숨과 날숨이 있듯이 지금처럼 혼란한 시기가 있으면 또 다른 시기가 올 것입니다. 한순간도 멈추지 않고 변함없이 변한다는 것만이 변함없는 진실이니까요. 화라 님이 말씀하신 것처럼 우리 안의 지혜가 깨어나고 그것들이 모여 다시 또 새로운 흐름을 만들 것이라 확신합니다.

갑자기 세상에 들이닥친 코로나19 팬데믹으로 우리는 서로를 멀리하고 스스로 격리해야 했습니다. 분리의 시간을 겪으며 빠르게 개인화되기도 했지만, 동시에 개인적인 회복을 하기도 했지요. 타자와 떨어져 오롯이 내가 되고 홀로라는 고독을 마주하는 순간, 역설적으로 진짜 나와 만날 수 있으니까요. 자기 내면과 만나는 순간은 어렵고 힘들지만 분명 안에서는 치유와 성장이 일어납니다.

외딴섬처럼 각자가 되어 몇 년간 '나'라는 개인에 집중했던 사람들이 이제는 힘을 회복하여 이전과 달라지고 새로워지고 더욱 건강해진 '우리'로 살아갈 시기가 온 것은 아닐까, 생각해 봅니다. 친구 따라 강남 가거나 다수에 휩쓸려 걷는 우리가 아니라, 개인의 중심이 공고한 밝게 빛나는 촛불 하나의 합인 우리, 말이에요.

절대 완벽할 수 없는 세상이기에 우리가 추구하는

안전, 사랑, 민주주의 같은 것들이 미완으로밖에 존재할 수 없겠지만 그럼에도 불구하고 영원히 추구해야 하는 것입니다. 불가능하다고 해서 노력하기를 멈추면 우리는 곧장 반대의 결음을 걷게 될 테니까요. 중력이 사라지면 지금 누리는 세상도 사라지는 것처럼요. 우리가 이 땅 위에서 중력이라는 선물의 에너지를 받는 한, 선(善)을 향한 노력은 그것과 일치하는 것 아닐까 합니다. 불의와 폭력, 불행과 고통이 가득한 세상이지만 사랑의 에너지로 열심히 끌어당겨 보는 거죠. 살아 있는 한 해야 할 우리의 임무이고, 그것이야말로 내 존재를 실현하는 그 자체가 아닐까 합니다.

12월 마지막 토요일에는 지인 모임이 있었지요. 모임 멤버에 화라 님도 계시니 더욱 즐거운 모임입니다. 다 같이 오랜만에 만나서 이런저런 대화를 나누니 좋더라고요. 서로의 변화된 모습과 생각을 만날 수 있어서 좋았고, 무엇보다 우리 모두 처음 만났을 때보다 한층 성장한 모습으로 한 해를 마무리할 수 있어서 감사했습니다. 서로 그간의 안부를 물으니 각자 잘 지내기도 했지만, 또 각자 슬픔을 겪기도 했더군요. 40대인 우리가 아직은 젊은 청년과 가까운 나이라고 생각하는데, 이런저런 사고와 사연으로 세상을 떠난 또래 지인들의 이야기에는 가슴이 먹먹했습니다. 그때 모임원인 S 님께서 이렇게 말하셨죠.

"우리가 이렇게 모여서 같이 밥 먹고 이야기 나눌 수 있는 시간을 가질 수 있다는 것 자체가 기적이고 감사한 일인 것 같아."

대단한 일이 일어나야 기적이 아니라 아직은 살아 있다는 게 기적인데 자꾸 잊습니다.

모임에서 삶과 죽음에 관한 이야기를 깊이 나누고 집으로 돌아왔는데, 다음 날 아침 눈뜨자마자 뉴스에서 항공사고* 소식을 마주했습니다. 며칠 내내 일이 손에 잡히지 않고 할 수 있는 일은 함께 눈물을 흘리고 기도하는 것뿐이었습니다. 많은 사람이 삶이 무엇이며 어떻게 살아야 할지 고뇌하지만, 우리가 걸어야 할 길은 이미 분명해 보입니다. 다른 생명과 삶을 연

* 24년 12월 29일에 일어난 무안 공항 비행기 사고

결하고 함께 마음을 나누며 사는 것, 그리고 사랑이 우리의 본성임을 기억하는 일입니다. 깊은 애도를 보내며.

우리는 작년도 지금도 오늘을 살고 있어요

지난 12월 마지막 주 토요일, 우리는 만났지요. 우연히도 지난 12월에는 우리가 가장 자주 만난 달이 되었어요. 두 차례 모두 각각 다른 사람들과 있었지만 저는 한층 우리가 더 가까워짐을 느낄 수 있는 시간이었습니다.

우리의 처음을 기억합니다. 노랗게 탈색한 머리에 짧은 단발을 꽁지가 나오게 야무지게 묶고 오셨던 낯선 이의 모습이었죠. 그 자리에 모인 사람들이 모두 친한 건 아니었지만 온라인에서든 오프라인에서든 이름은 들어본 적 있다, 는 정도였는데 수현 님은 그 어디에도 속하지 않으셨어요. 그 점이 수현 님께 눈이 한 번 더 가는 계기가 되었습니다. 수현 님의 첫인상은 그저 '어디서 온 누구지?'였죠.

이후 많은 일이 우리에게 일어났지만 '가까운 사람'이라는 느낌은 없었어요. 어느 저녁, 처음 단둘이서 식사하고 차 마셨던 부산 해운대 달맞이 고개가 생각납니다. 그 단체 모임 자리가 썩 내키지 않아 갈까 말까 고민했던 기억이 납니다. 그러다 결국 내가 왜 그곳에 갔을까 생각해 보면 아마도 수현 님과 좀 더 가까워질 수 있는 시간을 갖기 위한 것이 아닐까 싶을 정도로 귀하고 좋은 시간이었어요. 2명씩 짝을 이뤄 시간을 보내야 하는데, 우연인지 필연인지 수현 님과 제가 파트너가 되었기 때문이죠. 식사를 하고 차를 마시면서 깊은 내공이 있는 수현 님과의 대화는 '아, 내가 여기 온 이유구나.'라고 무릎을 탁 치게 만들었어요. 이후로도 가능하다면 수현 님에게 비용을 지불하고서라도 만날 수 있으면 좋겠다는 생각이 들기도 했으니까요.

'송구영신(送舊迎新)'이라는 말은 해가 넘어갈 때, 신년을 맞이할 때 많이 들었던 말입니다. 요즘에는 조금 뜸하게 쓰는 것 같기도 해요. '묵은 것을 보내고 새로운 것을 맞이한다.'는 뜻이라고 합니다. 지나간 1년 또는 그 이상의 시간이 묵었다는 표현이 과연 맞을까,라는 생각을 해봤어요. 버릴 수 있으면 버려도 되는 듯한 느낌의 뜻풀이가 뭔가 마음에 걸리네요. 과거가 없었다면 제가 수현 님을 만나서 좋은 시간을, 공명을 함께할 수 있었을까 싶어요. 하지만 묵은지로 만든 김치찜의 맛이 끝내주듯, 우리에게 묵은 날들이 있어서 새로운 시간도 끝내주게 맞이할 수 있지 않을까 싶어요.

공교롭게도 마음 아픈 비행기 사고가 이번 우리의 만남 이후 벌어졌어요. 오싹한 것은 우리가 '죽음'에 대한 이야기를 나누고 '기적'이라는 말을 나눈 그 다음 날이었다는 것이죠. 헤어지고 채 24시간이 되지 않아 일어난 사고는 어제 나눈 죽음이 내 곁으로 확 다가오는 느낌이었어요. 편안한 일요일 정오, 여느 주말과 다름없이 정오 뉴스를 보다가 단톡방을 열

수밖에 없었어요. 우리가 어제 나눈 이야기가 눈앞에 펼쳐지는데, 여러분 모두 안녕하시죠? 물을 수밖에 없더라고요. 그 일은 날짜상으로 이제 작년이 되었지만, 지금도 여전히 아파하는 사람이 많아요. 절대 버릴 수 없는 사건이죠.

한강 작가의 강연 중에서 '과거가 현재를 도울 수 있는가? 죽은 자가 산 자를 구할 수 있는가?'라는 말이 있어요. 묵은 과거들이 새날들을 돕고, 과거의 사람들이 현재를 사는 사람들을 구할 수 있다고 느끼는 순간이 있었다고 작가는 말하죠. 그런 것 같아요. 우리에게 자신을 탐구하는 과거가 있었기에 만날 수 있었고, 만남이 있었기에 지금의 관계가 있다고요. 과거의 노란 머리 수현 님을 보면서 '누굴까?', '어떤 사람일까?' 궁금증을 가졌기에 조금씩, 조금씩 연을 이을 수 있는 계기도 마련되었다고 생각해요.

데이비드 호킨스 박사의 『세상 속에 있지만 세상에 속하지 않는』 책에는 이런 구절이 나와요. '클레오파트라는 과거에 속하지 않습니다. 어떤 것도 과거에 속하지 않습니다. 모든 것은 지금에 속하고, 모든 것은 여기에 있습니다. 왜냐면 의식 안에서는 모든 것이 영원히 기록되기 때문입니다.'

우리는 작년도 지금도 오늘을 살고 있어요. 송구영신이라는 단어를 보면서 오늘 또 이렇게나 많은 이야기를 늘어놓았네요. 옛것이라고 생각한 것을 지금, 여기에서 다시 만날 수 있겠지요. 우리의 과거가 지금의 나에게 영향을 주는 것을 보면 좀 더 쉽게 이해가 됩니다. 그렇지만 이 말은 꼭 하고 싶어지네요.

새해 복 많이 받으세요.

미타쿠예 오야신

하루 종일 비가 보슬보슬 내리는 토요일입니다. 지금은 집 인근 대학가 카페에서 글을 쓰고 있어요. 저는 이 동네에서 30년 정도를 살았는데요. 여기엔 대학교가 여러 개 있습니다. 예전에는 대학가라는 동네 전경이 익숙해서 몰랐는데, 요즘은 대학가에 사는 것도 복이라는 생각이 듭니다. 싱그러운 청년들을 자주 만날 수 있으니까요.

푸를 청(青), 해 년(年). 푸릇푸릇한 시기에 있는 사람이라는 뜻일까요? '청년'이라는 두 글자를 들으면 한여름 햇빛을 받으며 쑥쑥 성장하는 나무가 떠오릅니다. 실제로 단어의 뜻처럼 오다가다 만나는 청년들에게 공짜로 선물을 받기도 하고요. 바로 '에너지'입니다. 청년이라는 글자만 떠올려도 힘이 생기는데 직접 눈으로 보고 만날 수 있으니, 게다가 한 공간에서 함께할 수 있다니 좋을 수밖에요.

지금은 방학 기간이고 비가 오는 주말임에도 불구하고 다들 무슨 공부를 하는지 학구열로 뜨끈합니다. 내 새끼는 아니지만 다들 대견합니다. 요즘 MZ 세대를 보며 생각이 없니 끈기가 없니 비난하는 입이 많지만, 그것도 그들을 잘 몰라서 하는 말 같습니다. 무엇으로든 자기의 시대를 자기답게 견뎌내며, 어느 시대의 인간과 다를 바 없이 열심히 살고 있어요.

한 가지 확신하는 건 인간은 계속 진화하므로 매해 더 뛰어난 인간이 태어나고 있을 거라는 겁니다. 세월의 변화로 더 필요한 능력은 키워지고, 필요 없는 능력은 퇴화하고요. 특정 인간상에 한 세대의 인간을 끼워 넣으면서 점수를 매길 게 아니라, 현재 보이는 이 시대의 인간들을 그대로 인정하고 지금이라는 시간을 이해해야 합니다. 요즘 애들을 보며 혀를 끌끌

차는 사람도 그 옛날의 요즘 애들이었을 테니까요.

기원전 425년에 소크라테스가 "요즘 아이들은 버릇이 없다. 부모에게 대들고 음식을 게걸스럽게 먹고 스승에게도 대든다."라고 했다고 하니, 언제나 요즘 애들은 예전 사람들이 보기엔 이상한 사람이고, 그 이상함이 그 시대에는 모두 정상이지 않을까 합니다.

대학생을 볼 수 있었던 동네는 그대로인데 저는 변했습니다. 또래를 볼 수 있었던 동네가 청년을 볼 수 있는 동네로 변하다니. 가끔 살아낸 시간을 자각하며 신기하기도 하고 섬뜩하기도 합니다.

화라 님은 언제의 나이가 가장 나 자신처럼 느껴지시나요? 저는 첫째를 낳고 기르던 30대 초반까지는 느낌이 생생한데 이상하게 그 뒤에 일어난 일들은 어색합니다. 그래서 가끔 둘째를 보며 '얘가 언제 태어났지? 진짜 얘가 내 새끼라고?' 이런 생각을 해요. 그 이유를 곰곰이 생각해 보니 인생을 의식해서 살았을 때와 정신없이 살았을 때의 차이더라고요. 전자는 인생을 살아냈다면 후자는 그냥 살아간 느낌이요. 남편에게 물어보니 본인은 열여섯에 머물러 있다고 하더라고요. 청소년기부터 풍파를 많이 겪어서 정신없이 살았고 마음 아파서 지운 기억도 많대요. 그래서 친구였던 저랑 결혼해서 애들 낳고 사는 것도 가끔은 어색하다고 하더라고요.

이런 생각과 대화를 나누다 보니 과거와 현재, 미래라는 게 모두 어색하게 느껴졌어요. 시간을 통해 세월이 연속으로 흘러간다고 생각하며 살지만, 실제로 느끼는 건 매일 여기 이 자리에서 과거-현재-미래를 왔다, 갔다 이동하며 사는 삶 같아요.

시간에 관한 진실이 뭔지 알 수는 없지만 분명한 한 가지는 이 몸으로 사는 내 삶은 무척이나 짧다는 것입니다. 이러한 진실을 떠올리면 눈물 나게 소중한 삶이라는 걸 즉각 깨달아요. 그런데 문제는 우린 이 사실을 아주 가끔, 잠깐만 깨달을 뿐 대부분의 시간은 잊고 산다는 거죠. 안타깝지만 어쩌겠어요. 잊지 않고 사는 게 어렵다면 자주 기억해 내는 수밖에요. 그래서 저는 깔끔하게 타협했습니다. 아침에 눈 떠서 한 번, 밤에 눈 감을 때 한 번, 적어도 하루에 두 번은 생각하자고요. 나머지 시간은 까먹어도 후회 말기!

동네에는 대학교 외에 기념관도 몇 개 있습니다. 「우리가 인디언으로 알던 사람들」이라는 특별 전시가 열려서 오랜만에 부산박물관에 다녀왔어요. 국립중앙 박물관과 미국 덴버 박물관의 공동 기획 전시였는데, 감사하게도 부산에서도 열렸네요. 깊은 여운이 남는 전시였습니다. 어릴 때부터 아무 생각 없이 '인디언'이라고 통 쳐서 불렀던 게 실제로는 북미 대륙에 사는 570여 개 원주민 부족을 통칭한다는 사실을 알고서는 부끄러웠습니다. 어느 외계인이 나타나서 우리 모두를 아무 정체성 없이 '지구인'이라고 통 쳐서 부르는 것과 같았겠구나 싶었어요.

더 놀라웠던 건 그런데도 많은 수의 서로 다른 부족이 모두 하나이며 연결되어 있다는 세계관을 가지고 살았다는 사실이었습니다. 공간뿐만 아니라 시간의 개념까지도요. 그들은 과거, 현재, 미래가 직선이 아닌 원으로 연결되어 있다고 보았어요. 지금 가진 모든 게 조상에게 물려받은 내 것이 아니라, 후손에게 빌려 쓰는 우리의 것이라는 지혜에 감탄밖에 나오지 않았습니다. '나' 아니면 '너'라는 이원적인 생각으로 남이 잘되는 게 배가 아팠고, 미래는 생각하지도 않은 채 일단 지금의 내 행복을 우선으로 여기며 살았지요. 그런데 또 그렇게 살아서 행복하면 될 텐데 그렇지도 않으면서 미련하게 그 삶을 반복합니다.

아무래도 행복과 고통은 상황이 아니라 생각에서 오는 게 맞아 보입니다. 사는 게 힘들고 마음이 차가워질수록 우리가 떠올려야 할 것은 '연결과 조화'라는 걸 기억해야겠습니다. 오늘은 다코타족의 인사말로 마무리해 볼게요.

"미타쿠예 오야신."

모든 것이 하나로 연결되어 있다는 뜻이라고 합니다. 오늘, 이 순간을 만나고 이 인연을 맺게 해준 모든 연결에 감사하며, 다음 편지 기다릴게요.

수학 주관식보다 더 어려웠어요

오래 살고 있는 동네가 대학가라니, 젊음의 에너지와 늘 함께하셨군요! 아무리 부산을 우스갯소리로 '노인과 바다'라고 불러도 그 지역의 청년은 자신의 자리에서 묵묵히 맡은 삶을 살아내는 것 같아요. 제가 살고 있는 지역에도 대학이 있지만 흔히 생각하는 '대학가'와는 사뭇 다른 느낌입니다. 지방 소도시의 대학이라서 그런지 조용하거나 혹은 조금 큰 상권 정도로 느껴지거든요. 물론 저도 이 지역에서 대학을 나온 터라 '대학가다운' 느낌을 받지 못하고 대학을 졸업했어요. 그래서 내 아이들은 그런 에너지를 충분히 느낄 수 있는 큰 도시로 가면 좋겠다는 생각도 해봅니다. 수현 님이 계시는 부산의 대학가는 제가 생각하는 활기찬 곳일 것 같습니다. 언제 한번 저도 청년들 옆에서 그들이 무엇을 하는지 슬쩍 보고 싶은 마음도 들어요.

'언제의 나이가 가장 나다운 때'였는지를 물어보셨죠. 저도 아이를 낳고 일하며 살았던 시간은 통째로 흐릿한 것 같아요. '어린아이들을 억지로 어린이집으로 보내고 일하는 엄마로서 겪었던 힘들었던 시간'으로만 기억되는 거죠. 오히려 20대의 시간과 30대 중반 이후는 에너지 가득했던 시간으로 기억돼요. 사회인으로 첫발을 내디디면서 하고 싶은 것이 많았던 20대의 시간과 육아에 적응하고 아이들의 엄마가 아닌 '나'에 대해서 생각하고 고민하기 시작했던 30대 중반 이후의 시간이 좀 더 또렷합니다.

그때부터 '나'에 대한 탐구와 고민을 시작했으니 지금 딱 10년째가 된 것 같네요. 생각해 보지 않았는데 이 글을 쓰면서 10년 정도가 되었구나 싶어요. 감회가 새롭네요. 벌써 그렇게 시간이 흘렀다니,라는 생각과 나와 친해지기 위해서 10년을 노력했구나. 그리고 10년을 가득 채우는 시점에 수현 님을 비롯한 내면을 탐구하는 친구들과 만났구나 싶어요. 어쩜 이것도 각자의 자리에서 각자의 방식으로 고민하는 사람들의 에너지가 만난 게 아닌가 싶네요.

10년 전의 저는 '내가 무엇을 좋아하고, 잘하는지'가 가장 궁금했어요. 시작은 거기서부터였네요. 하고 싶은 게 많은 '하고잡이'이지만 좋아하는 것, 잘하는 것이 무엇인지 누구도 알려주지 않았거든요. 그걸 스스로 찾아내는 일은 수학 주관식보다 더 어려웠어요. 수학은 수학 선생님에게 가서 물어볼 수도 있지만 나를 탐구하는 일은 누구에게 물어봐도 명확한 답을 주지 않았거든요. 누군가가 답을 주더라도 그것은 그가 생각하는 '나'일 뿐, 나를 오롯이 아는 것은 나뿐이잖아요. 나를 탐구하는 일을 처음 시도해 보면서 굴곡도 자연스레 생겨났어요. 나는 잘하는 게 없는 것 같아, 내가 뭐라고, 왜 다른 사람처럼 또렷하게 잘하고 좋아하는 건 없을까. 혼자 좌절하고 다시 힘을 내기도 하고요. '다른 사람들도 이런 고민을 하는 걸까?'라는 물음 끝에 한편으로는 이런 고민을 하는 내가 평범해 보이지도 않았고요.

그렇게 찾은 것이 독서와 글쓰기였네요. 무한한 고민을 글로 쓰고 정리해 보면서 나에 대해 많이 알아갈 수 있었어요. 내 아이에게 드는 생각과 행동은 어릴 적 나로부터 시작되었구나, 남이 좋아하는 것에 맞추지 말고 내가 좋아하는 것을 해보자, 나를 지키려면 때로는 냉정할 필요가 있겠구나. 누군가에게는 숨을 쉬듯 자연스러운 일이었겠지만, 어릴 때부터 그렇지 않은 나로 살아온 저에게는 '그냥 나'를 찾는 일도 많은 용기가 필요하더라고요.

수현 님께서 다녀온 박물관 전시에서 과거, 현재, 미래가 직선이 아닌 원으로 이루어졌다고 하셨죠. 저의 10년도, 아니 그 이상의 삶도 모두 원으로 이루어져 있는 것 같아요. 아이를 막 낳아서 키울 때는 나의 어린 시절을 생각해 보기도 했고, 그러면서 내 안의 어린아이를 위로해 주기도 했어요. 때론 화려함을 좇기도 했지만 결국 다시 돌아와 나를 돌보는 일에 많은 시간을 투자하기도 하고요. 중심이 밖이었다가 내 안으로 옮기는 작업을 수도 없이 하면서 들락날락거려 보기도 했어요. 마치 큰 원에서 약간은 삐져나와 있어 보일 때도 있지만, 결국 하나의 원으로 돌아가는 삶인 것 같아요.

『원 워드』라는 책을 읽으며 매년 나의 지침이 되어 줄 한 단어를 정하는데요, 올해는 '균형'입니다. 그와 더불어 '조용히 살기'가 목표이기도 해요. 일과 가정 그리고 가장 중요한 '나의 삶'을 조용하게, 균형 있게 맞춰가 보려고요. 누군가에게 보이기 위한 삶이 아닌 오롯이 내 삶에 집중하고 싶거든요. 올해를 살아내면서 지금, 얼마나 나에게 충실하고 있는지 살펴보려 해요. 글을 쓰는 이 시간도 나에게 충실해지는 시간이라 참 행복하게 다가옵니다.

오늘 참 따뜻한 날씨네요. 다음 편지는 더 따뜻한 날 만나게 되겠어요. 편지 덕분에 행복합니다. 감사해요.

되고 싶은 나로 살아가요

오늘은 보슬보슬 봄비가 내리는 삼일절입니다. 지난번 편지를 받았을 땐 분명히 2월 안에 답장을 보내겠다는 마음을 품었는데, 결국 달을 넘겨버렸어요. 늘 답장을 늦게 보내서 이번에는 조금 빨리 보내고 싶었는데, 또 실패했습니다.

하지만 돌아보니 괜찮은 실패 같아요. 다음 편지는 더 따뜻한 날에 만나겠다는 말씀처럼 실제로 더 따뜻해진 날에 답장을 보내게 되었으니까요. 오늘이 보내야 하는 날이었나 봅니다. 설익은 상태가 아니라 서로의 마음과 생활이 잘 만들어지고 맛있게 뜸까지 들여진 때. 그때야 비로소 밥솥 뚜껑을 열 듯 메일함을 열면 고슬고슬한 삶의 향기가 폴폴 전해지리라 생각합니다.

내가 늦었다고 생각한 것이 실제로는 늦은 게 아니라 오히려 자연스러운 때일지도 모릅니다. 그렇게 하려고 생각했던 내 마음과 싸우지 않고 실제 흘러가는 상황을 바라보면서 '지금이 이 일을 해야 할 적기구나!' 알아차리고 나니, 삶과 리듬을 맞추는 기분이에요.

내 뜻대로 되지 않고 내가 생각한 때에 되지 않아서 괴로웠던 날이 많았는데, 이런저런 일들을 겪고 나니 이제는 저절로 받아들이게 되네요. 안 되는 게 오히려 좋은 일일 때가 있었고, 내가 생각한 그때가 너무 이른 때인 적도 많았습니다. 그래서 이제는 무엇이 더 좋은 것이고, 어떤 게 더 나은 것인지 나는 절대 모른다는 생각을 가지고 사는 편입니다.

하지만 여전히 고질적인 버릇들이 무의식적으로 나올 때가 많아요. 전전긍긍하는 마음, 당장 해결되기를 바라는 마음, 뜻대로 되었으면 하는 욕망과 조바심 같은 것들이요. 그럴 때는 하나만 생각하려고 합니다. '그래서 내가 지금 할 수 있는 게 있는 일이야? 없는 일이야?', '무슨 행동을 해볼래? 아니면 기다려 볼래?' 이렇게요. 지금 이 자리에서 할 수 있는 일을 묵묵히 하는 것과 마음을 동동거리며 사는 건 같은 일을 하더라도 전혀 다른 삶을 사는 것입니다. 내가 어떻게 살고 싶어 하는지 알고, 그 삶에 맞추려고 조금이라도 의식하고 노력하는 게 자기 사랑이네요. 편안한 마음으로 살고 싶다고 말하면서 늘 내 마음을 못살게 군 건 나니까요. 계절의 온도도 마음 온도도 따뜻한 날에 편지를 보낼 누군가가 있다는 게 행복하고, 그 대상이 되어주셔서 감사합니다.

나에 대한 탐구를 시작한 지 벌써 10년이나 되셨군요. 축하해요. 그냥 살면 되지 나와 친해지기 위해서 노력 같은 걸 해야 하냐고, 그리고 그 노력을 무슨 10년씩이나 하냐고 누군가는 말할 수도 있겠지만, 저는 우리의 삶 자체가 결국 나를 알아가는 여정 같아요. 내가 태어난 이유, 내가 지금의 나로 살아가는 이유, 모두 내 안에 있고요. 나라는 사람을 알아가면서 나 아닌 것은 버리고 그래서 오히려 선명한 내가 되어가는 과정이 인생살이입니다.

내가 나라고 생각한 건 알고 보면 그 어떤 것도 내가 아닙니다. 이름, 직업, 역할, 성격 등. 모든 건 내가 일부 사용하는 것이지 그것을 어떻게 나라고 할 수 있겠어요. 그런데도 '나'에 대한 사랑이 아니라 '나'에 대한 집착으로 살아갑니다.

전업주부 생활을 오래 하다 보니 가끔 저 자신을 그 속에다 가둔 채 공허함을 느끼고 부족하다는 평가도 해요. 분명히 그게 나는 아닌데 말이에요. 결혼하기 전이나 후나 나는 언제나 나답게 사는 중인데 역할이라는 사회적인 옷을 자꾸 나라고 착각하고 그 속에서 일희일비합니다. 멋진 커리어를 가지면 내가 멋진 사람이 되고, 아무것도 하지 않으면(사실은 아무것도 하지 않는 게 아닌데도 스스로 그렇게 정의하면서) 별 볼 일 없는 사람이 된다고 착각합니다. 사람들과 사회가 그렇게 평가하기 때문이라고 생각하지만, 사실은 내가 그렇게 여기기 때문입니다. 누가 뭐라든 내가 뿌듯함을 느끼고, 만족하고, 충분히 여기면 될 텐데, 그렇게 하지 못합니다. 밖으로 보이는 것을 나라고 여기기 때문이겠지요.

머리는 충분히 안다고 하는데 마음은 아직 그렇지 못한가 봅니다. 엄마로 사는 지금의 삶이 귀하고 여기에 만족하는데, 자꾸 무언갈 해야 하지 않느냐고 스스로 닦달하네요. 사랑하는 사람들에게 가장 주고 싶은 걸 주는 중이라고, 가장 되고 싶은 나로 사는 중이라고, 자꾸 일깨워 주어야겠습니다.

나를 공부하며 찾게 된 게 독서와 글쓰기라고 하셨는데, 돌아보니 저도 그랬어요. 책은 생각거리를 주었고, 글은 생각을 명료하게 알 수 있는 도구였어요. 분명히 내 안에는 뭔가로 꽉 차 있는데 느껴지기만 하고 명확히 알 수는 없어서 늘 안개를 헤매는 기분이었어요. 그런데 글을 쓰며 알았습니다. 내가 나를 모르는 건 내가 나를 알아보려고 하지 않았기 때문이라는걸요. 나를 알고자 하니 나의 많은 것이 보였어요. 나는 나이기에 나에 대해, 내 마음에 대해, 관심 가져야 한다는 생각조차 하지 않고 살았지요. 늘 시선이 외부에 있었던 탓입니다. 저는 3년 전부터 나를 알아가기 시작했어요. 7년이 더 지나서 10년을 채우면 어떤 내가 되어 있을지 궁금해집니다.

올해의 원 워드를 공유해 주셨으니, 저도 슬쩍 알려드릴게요. 저는 '성실'이에요. 스스로 게으른 사람으로 생각해서 나와 먼 단어라고 생각했는데 돌아보니 저는 밖에서 남들에겐 성실한 사람이었더라고요. 맡은 바는 책임을 다하고 성실한 사람. 하지만 누가 보지 않는 것, 내 것에는 게으른 사람. 그 기저에는 나쁜 평가에 대한 두려움과 인정을 향한 갈망이 있었고, 더 깊이 들어가면 착한 딸이 되어서 부모에게 사랑받고 싶어 했던 작은 마음이 있습니다. 타인이 가진 기대가 내가 나에게 갖는 기대로 변질되었고, 그것이 늘 나를 힘들게 했어요. 이제는 그런 저 자신을 자유롭게 해주고 싶어요. 대신 밖으로 성실하던 나를 바꿔서 안으로 성실한 사람이 되고 싶은 마음에 원 워드를 성실로 정했습니다.

내가 하겠다고 결정한 일을 충실히 하는 나, 아무도 보지 않는 내 집 안을 성실히 관리하는 나, 나밖에 모르는 내 마음을 정성스럽고 참되게 돌보는 나. 그런 내가 되고 싶습니다. 화라 님의 '균형'과 저의 '성실'에게 응원을 보내어요. 또 알맞게 무르익은 날 소식 받을게요.

똥인지 된장인지

비가 오는 3월 15일이에요. 지난 편지에서도 비가 온다고 했는데, 같은 토요일에 비가 내리네요. 조금 더 따뜻해진 날씨이지만 이번 비가 오고 나서 꽃샘추위가 온다고 하네요. 꽃 피는 것에 샘을 낸다는 꽃샘추위는 귀여운 단어인 것 같아요. 단어 안에 계절도 담기고 감정도 담겨 있네요. 자신의 계절이 사라지는 게 싫은 추위는 꽃이 피는 계절에도 이렇게 다시 찾아오는군요. 이렇게 불쑥 찾아와서 '나 아직 살아 있어.'라고 존재감을 드러내는 것 같아요. 갑작스러운 추위가 꽃의 입장에서는 시련과 같기도 하겠지만, 그런 추위를 뚫고 피어나는 꽃도 더 단단해지겠지요. 그렇게 꽃샘추위는 자신을 알리기도 하고, 꽃이 더 단단해지는 상호 작용이기도 하네요.

3월은 변화가 많은 시기이죠. 아이들이 개학을 했고, 상급 학교로 진학하기도 하고요. 저는 새로운 곳에서 일하게 되었어요. 재미있는 건, 기존에 하던 강의를 계속하고 싶어 그게 가능한 곳을 염원했더니 그런 곳과 인연이 된 것 같아요. 제가 알던 시스템과 다른 곳이긴 하지만 언제든지 강의를 잡을 수 있다니 그게 큰 매력인 듯해요. 이렇게 말하면 제가 강의하는 걸 굉장히 좋아한다고 생각하시겠죠. 솔직히 말하자면 강의는 좋은데요, 강의 준비는 너무 하기 싫답니다. 예전에 김미경 강사의 강의를 들을 때도 같은 이야기를 들었어요. 강연 무대에서 펄펄 날아다니는 사람도 강의 준비는 지루한 작업이구나 싶었거든요. 하지만 그렇게 하기 싫은 강의 준비는 차고 넘칠 정도가 되어야 실제 강의가 수월하게 진행됩니다. 준비가 빈약하면 강의도 힘들어지죠. 좋은 강의를 위해 어렵더라도 어떤 이야기를 해줄까, 어떻게 하면 듣는 사람들에게 도움이 될까 매번 고민합니다.

지난주에는 청년센터에 강의를 다녀왔어요. 어린이, 시니어에 이어 청년이라는 키워드를 가진 사람들에게 강의를 하는 것이 신기했어요. 앞에 있는 강사라고 집중해서 들어주는 것도 감사했고, 나를 어떻게 알고 섭외를 해준 담당자도 감사하고요.

지금 일하는 것도, 강의처와 연이 닿아 강의를 하는 것도, 사람과의 인연도 모두 때가 있다고 생각해요. 만날 확률이 높아도 만나지 못하는 경우도 있는데요, 일이든 사람이든 만나는 것만으로도 대단한 일이죠. '옷깃만 스쳐도 인연이다.'라는 말이 있죠. 서로의 마음을 편지로 주고받는 우리도 어떤 인연으로 '그때', '그곳'에서 만났을까요. 그때, 그곳에 우리를 이끌었던 보이지 않는 자석이 있었을까요. 그런 생각을 하다 보면 모든 인연이 신기합니다.

제가 본 수현 님은 마음공부를 평생 해오신 분이라고 생각했는데, 지난 편지에서 나에 대한 공부는 3년이라고 하셔서 좀 의외였습니다. 마음을 공부하면 당연히 나를 공부하는 것이라고 생각했나 봅니다. '마음=나'라고 말이죠. 이렇게 '마음공부'와 '나에 대한 공부'를 단어로 나열해 보니 확실히 다르네요. 단어부터가 다른데, 왜 저는 같은 거라고 생각하고 있었는지 모르겠어요. 어쨌든 나에 대한 공부도, 마음에 대한 공부도 꾸준히 하고 계시니 '무언가가 되는 것이 아니어도 어때?' 싶습니다. 나의 형체는 예나 지금이나 이 자리에, 이 순간을 살고 있으니 말이죠.

옛날 어른들이 '똥인지 된장인지 찍어 먹어봐야 아냐.'라고 하시는 말이 있어요. 딱 보면 구별이 되는 것 아니냐고, 똥을 된장으로 알고 먹으면 안 된다는 그런 의미잖아요? 그런데 저는 찍어 먹어봐야 아는 사람 같아요. 옆에서 '이거는 똥이고 이건 된장이야.'라고 아무리 이야기를 해줘도 직접 냄새도 맡아보고 찍어 먹어보기도 해서 내 안에 그 데이터가 기록되어야 납득되는 그런 사람 있죠. 어찌 보면 편하게 살 수 있는 것을 꼭 어렵게 가는 것 같기도 하고요. 그래서 나에 대한 공부 또한 그런 과정을 겪었던 것 같아요.

내가 잘하는 것과 좋아하는 것이 무엇인지 이것저것 해보기도 하고, 앉아서 고민만 하던 때도 있었고요. 직접 시도해 보면서 '이건 아니네.'라고 버리는 과정을 여러 번 거쳐 지금의 나로 살 수 있게 된 것 같아요. 그렇게 나에 대한 공부는 평생 해봐야 할 것 같아요. 영화 제목을 잠시 빌리자면 지금은 맞고 그때는 틀릴 수도 있고요, 그때는 맞고 지금은 틀릴 수도 있으니까요.

아이를 학원에 데려다주고 오는 길이 무척 쌀쌀하네요. 꽃샘추위가 맞나 봅니다. 개나리가 활짝 피었던데, 차에서 히터를 틀었으니 말이에요. 꽃샘추위가 지나가면 옷이 얇아질 것 같아요. 올해는 또 어떤 긴 여름이 될까 궁금해지면서 '올해의 나'도 건강하게 잘 보살피며 살아야겠어요. 올해의 목표가 또 하나 있다면 '지금(이 순간) 잘 살기'가 되겠어요. 잘 산다는 것도 주관적이지만, 그런 주관은 세우고 있어도 괜찮을 것 같아요. 그럼 우리는 한결 따뜻해진 때에 또 만나요.

또 다른 봄,
존재하는 마음

무심하게 사는 연습

화라 님 안녕하세요.

또 한 달여 만에 인사를 드려요. 한 달이라는 시간은 금방 지나가는 짧은 순간이기도 하지만 돌아보면 고작 한 달 사이 또 많은 일들이 있었습니다. 나라에는 큰 사건*이 있었고 세상은 다시 새로운 흐름을 준비 중입니다. 그러는 사이에 겉옷이 필요 없을 만큼 완연한 봄이 되었고요. 새로움이라는 단어와 어울리는 화라 님의 새 직장 생활도 시작되었네요. 축하드려요.

* 2025년 4월 4일. 헌법재판소의 대통령 파면 결정

저는 '인연'이라는 단어에 늘 '사람'이라는 대상만 한정해서 생각했어요. 그런데 화라 님 덕분에 처음으로 '일'이라는 대상과도 연결해서 생각해 보았네요. 일, 직업, 직장. 이런 것이 그냥 그때 선택해서 하게 되었다고 생각했는데 그것도 모두 보이지 않는 어떤 힘과 에너지의 작용으로 맺은 것일 수 있겠다는 생각이 듭니다. 가족, 일, 친구, 돈, 공간 등 나와 관계 맺는 모든 게 이유 없이 그냥 연결되는 건 아니겠다는 생각도 들고요. 그때여서 만날 수 있었고, 그 이유여서 만날 수 있었던 것들입니다. 그 인연의 씨앗이 언제 어떻게 시작되었는지는 알 수 없지만 그것과 맺어질 이유가 어딘가에 있었겠다고 생각하니 모든 게 거대하게 느껴지네요.

내가 먹는 음식 하나도, 내가 만나는 사람 한 명도, 내 어깨에 내려앉는 꽃잎 한 장도 나와 만났다는 것만으로도 굉장한 일이고, 분명한 인연입니다.

무언가와 맺은 인연으로 새로운 마음을 일으키고, 또 새로운 말과 행동을 합니다. 우린 계속해서 서로 영향을 주고받으며 변화를 거듭하고요. 하나의 인연은 다음 인연으로 이어지면서 계속 다른 탄생을 반복합니다. 그렇다면 인연은 무엇의 결과이면서 동시에 새로운 것의 원인이기도 하네요. 문득 우주의 빅뱅이 떠오르는 것을 보면 세상 탄생 게임의 시작과 동시에 무엇을 새롭게 맺을 것인지의 결정이 우리의 자유이자 의무, 권리라는 생각이 듭니다.

아, 어쩌죠. 책임감이 막중해지는데요. 그동안 잘못 뿌린 씨앗이 너무 많은 것 같기도 하고요. 물질이든 마음이든 사람이든 내가 만난 인연에 의해 새롭게 또 인연을 짓게 되고, 내가 쌓은 인연이 모여 결국 나라는 열매가 되는 것이 인생일지도 모르겠습니다. 내 인생이지만 나 혼자 만드는 게 아니라, 관계 속에서 함께 만들고 있었어요. 내 삶을 돕고 있는 모든 인연에 숙연한 마음이 듭니다.

지난 편지글에서 무언가가 되지 않아도 어떠냐는 그 말씀에 사람은 평생 무언가가 되어야 한다고 생각하고, 무언가가 되기 위해서 시간을 다 쓴다는 생각이 들었어요. 나는 나로 태어나서 항상 나로 살고 있는데, 반드시 거창한 무언가가 되어야 한다는 생각에

사로잡혀 살아요. 그 탓에 오히려 더 많은 것이 되지 못하고 있는 건 아닐까, 하는 생각도 드네요.

나라는 사람이 언제는 이런 모습, 언제는 저런 모습으로 살면 되는 것인데, 마치 정해놓은 한 가지의 모습이 있어야 하는 듯 무엇이 되어야 한다고 머릿속으로 생각합니다. 그러고는 나를 거기에 맞추려고 애쓰거나, 그렇게 되지 못한 나 자신에게 낙담하며 삽니다. 특정한 모습이 되어야 한다는 생각을 버리면 오히려 저절로 드러나는 게 나일지도 모르는데 말이죠.

똥과 된장 이야기를 하셨죠. 저는 그동안 극도로 편협한 자아상을 정해두고 그 속에서 살았어요. 되어야 하는 나를 일찌감치 결정하고, 그 외의 내가 되는 건 모조리 거부했습니다. 그래서 아마도 저는 수많은 된장을 똥이라고 단정하고 못 먹었을 것이고요.

무슨 일이 일어나는 게 싫어서 뭐든 하지 않는 것을 선택했고, 아무 일도 일어나지 않도록 하는 좋은 방편 중 하나가 '착한 아이'였습니다. 나서서 무얼 하기보다 지켜보는 걸 선택했고, 직접 겪는 것보다 주변을 둘러보며 '딱 봐도 이렇게 되겠네.'라며 먼저 몸을 사렸습니다. 똥으로 보여서 안 먹었던 그것이 사실은 오래 숙성되어 보약이 된 된장이었을 수도 있는데 말이죠. 경험해 보기 전에는 나에게 어떤 삶을 안겨줄지 모르는 건데, 골치 아프고 난감한 상황이 싫어서 안 찍어 먹는 편을 택했던 겁니다.

기회의 땅이라는 지구에 태어났으면서 몸을 사리다가 시간을 다 날리다니 참 어리석지요.

이제는 이런 저를 알아서 요즘은 무심하게 사는 연습을 하고 있습니다. 마음이 없는, 관심이 없는 상태를 뜻하는 게 아니라 싫고, 좋고, 두렵고, 애타고, 그런 마음을 좀 쉬게 두고 빈 마음으로 그냥 사는 연습이요. 당연히 잘되지 않을 때가 훨씬 많은데요. 그래도 잠깐이라도 그런 상태로 두고, 몇 번이라도 더 그런 상태로 두다 보니 예전보다는 하지 않을 일을 더 하고 있고, 못 하겠다고 생각하기 전에 이미 하는 나를 발견하기도 합니다. 과거에 비해 큰 발전입니다.

무심하게 사는 연습을 위해 판단 없이 그냥 바라보는 시간을 최대한 확보하려고 하는데요. 그 시간은 저만의 '있다' 놀이 시간입니다.

방법은 눈에 보이는 것을 그냥 보기만 하고 생각을 하지 않는 겁니다. '빨간색 차가 지나가네.', '벚꽃이 피어있네.', '두 사람이 손을 잡고 걸어가네.' 이렇게 그냥 볼 뿐 그것을 평가, 판단, 해석하지 않는 시간을 가져요. 그러고 나면 이후에는 저절로 '있다.'라는 생각도 없이 보이는 것과 온전히 만나는 경험을 하게 됩니다.

좋다. 싫다. 별로다. 멋지다. 매 순간 분별하며 생존해 온 우리에게 무심의 시간은 오히려 꼭 필요한 시간이 아닐까 합니다.

어느 봄날 창가에 앉아 화라 님에게 편지를 쓰는 제가 여기 이렇게 있습니다. 무심한 마음은 알고 보니 가득한 마음이었습니다.

나의 마음은 '지금, 이곳'에 머물러 있습니다

짧았던 벚꽃이 언제 피었었냐는 듯, 초록 잎으로 물들어 가는 벚나무를 봅니다. 기후 위기로 인한 온난화 때문에 꽃이 순서도 없이 피고 진다고 하지만, 꿋꿋이 자신의 차례를 기다리며 피어주는 꽃 덕분에 눈이 호강하는 봄입니다. 이번 달이 지나고 나면 형형색색의 장미가 우리를 반기겠네요.

시간은 언제나 이렇게 흐릅니다. 우리가 이렇게 주고받은 글의 시작이 벌써 1년이 지났더군요. 신기하기도 하고 재미있기도 합니다. 어느 날은 갖고 있던 보따리를 풀기 바빠 이야기를 쏟아내기 급급했고, 어떤 날은 빈 보따리를 탈탈 털어가며 단어 하나, 자음 하나 건져내기 바빴습니다. 누군가에게 전달해야 할 글은 이렇게 작은 돌을 모양에 맞춰 쌓아가는 일이었네요. 제주도의 까만 돌담처럼 바람이 통하는 구멍은 있지만, 쓰러지지 않게 말이죠. 이렇게 하나하나 쌓아왔더니 1년이 지나 약간 그럴듯해졌을까요? 우리는 어떤 모양으로 만들어지고 있을까요. 그렇게 생각의 흐름을 따라가다 보면 그저 이런 상황을 즐기고 있는 나를 봅니다. 수현 님의 '있다' 놀이 시간을 따로 또 같이 하는 듯, 저도 '너 여기 있네.', '나 여기 있어.' 놀이를 즐기고 있습니다. 유난히 이리저리 차선을 바꾸며 빠르게 가는 차를 보면 '요리조리 잘 가는구나.', 횡단보도에 서 있는 사람을 보면 '저 사람은 저기 서 있구나.' 정도로 말이죠. 그러면서 '저 사람을 보는 내가 있구나.', '생각하는 내가 있구나.'라는 생각도 이어지고요.

제가 갖고 있는 일력에서 딱 이런 문구를 봤어요. 아마 수현 님도 갖고 계시는 일력일 텐데요,

"비가 오면 툴툴대지 않고 그저 비가 내리나 보다 하는 것이, 해가 쨍쨍하면 툴툴대지 않고 그저 쨍쨍한가 보다 하는 것이 정말 그렇게 어려운 일일까?"

-마이클A.싱어, 『될 일은 된다』

얼마나 어려운 일이면 이렇게 말하는 사람이 있을까요? 우리는 내 마음 하나 제대로 컨트롤하지 못하고 휘청이는 나약한 존재인가 봅니다. 그런 의미에서 '있다' 놀이를 하는 우리는 조금 더 성숙해졌을까요?

'좀 더 나은 내가 되었다.'는 '과거의 나'와 비교해서 '지금의 나'가 더 우월하다는 의미로 다가옵니다. 이처럼 비교 대상이 과거와 지금의 내가 아닌, 어떤 상대를 두고 '내가 더 낫지.'라는 우월감은 자칫 잘못하면 큰 수렁에 빠질 위험이 있습니다. 비교하게 되고 남을 나보다 깎아내리려는 욕망이 생깁니다. 친한 친구가 부부 동반으로 잘 만나는 이웃집 부부 이야기를 해준 적이 있습니다. 친해지면서 술자리도 함께하고 캠핑도 같이 가는 등 많은 시간을 함께했다고 하는데요. 시간이 흐르면서 느껴지는 불편감이 있더랍니다. 찬찬히 생각을 해보니 이웃집 부부가 친구네를 일명 '깔고 가는' 것 같더라네요. 본인들보다 친구네가 더 못 벌어, 차도 안 좋아, 애들 공부도 못해 등등 언제나 말 속에는 자신들이 친구네보다 우위에 있다는 것을 표현하더래요. 그걸 인식하는 순간 친구네는 그 이웃집 부부를 멀리하기 시작했고, 불편감은 자연스레 없어졌죠. 하지만 해소되지 않은 찝찝함은 남아 있다고 하는데요. 원치 않게 남에게 비교당해 버린 것, 불쾌감이겠지요.

사람들은 '내가 다른 사람보다 낫다.'라는 것에 많은 위안을 얻는 것 같습니다. 정작 이렇게 말하는 저도 그렇고요. 본인 만족이겠지만 이런 일이 자주 생기게 되면 내 의식은 우월감에 지배당하고 말 것입니다. '나는 너희와 다른 인간이야.'라며 사람들을 깔보게 되고, 알게 모르게 상처를 주면 결국 그 업을 고스란히 내가 받을 수 있거든요. 우리는 이런 우월감은 지양해야겠습니다.

직장이라는 곳은 매일 타인을 만날 수 있는 곳입니다. 여러 가지 인간 군상을 관찰할 수도 있는데요, 병원에서 일할 때는 직원뿐만 아니라 내원하는 환자들과의 짧은 만남 속에서도 여러 가지의 모습을 볼 수 있었지요. 지금은 매일 정해진 사람을 만나는데요, 치매가 있는 분들이 많아 한 명에게서도 여러 명의 모습을 보기도 합니다. 매일 자신의 우월함을 자랑스러워하는 사람도 있고요, 과거에만 머물러 있는 사람도 있습니다. 5분 동안 같은 질문을 다섯 번 넘도록 매번 새롭게 하는 사람도 있지요. 그런 분들과 만나면서 나는 어떤 모습을 하고 있는가 생각하게 됩니다. 이제야 겨우 현재에 머무르는 연습을 하게 되었는데 미래의 나는 어떤 과거에서만 머무르는 게 아닐까 싶은 생각도 들고요.

그런 분들을 보면서 이제 조금 적응되어 가는 '현재에 머무르기'를 더 내 것으로 만들어야겠다는 생각을 합니다. 누군가는 '지금은 없다, 과거와 미래만 있을 뿐'이라고 말하기도 합니다. 1초가 안 되는 지금이기 때문이라고요. 하지만 우리는 현재를 살아가고 있습니다. 수현 님도 저도 그런 현재를 즐기기 위해 툭툭 놓아버리기도 하고, 무심해지기도 하지요. 내 마음이 복잡하고 힘든 것도 현재에 초점을 맞춘다면 아무 일도 아닌 것처럼요.

나는 지금 글을 쓰고 있고, 마음을 전달하고 있습니다. 글이 적힌 시간은 과거가 되었을지라도 나의 마음은 '지금, 이곳'에 머물러 있습니다. 수현 님이 이 글을 볼 때는 지금 시점으로 미래일지라도 우리는 '지금, 이곳'에서 함께 있을 거라 생각합니다. 그렇게 마음으로 공명하는 우리가 됩니다.

나가는 글

안녕하세요. 화라 님. 오랜만에 펜을 듭니다. 아니, 실제로는 처음 드는 펜이군요. 그동안의 편지는 항상 노트북을 타닥타닥 쳐서 썼는데 오늘은 노트에 펜을 꾹꾹 눌러 한 글자, 한 글자 적어봅니다. 일부러 손 편지를 쓰겠다고 계획한 건 아니고요. 짐 가방이 무거워서 노트북을 들고 오지 않은 것인데, 본의 아니게 진짜 편지 쓰는 기분을 느낄 수 있게 되었네요.

그동안 잘 지내셨죠? 오늘은 2025년 10월의 마지막 날입니다. 올봄에 마지막 편지를 주고받았으니, 꽤 오랜만에 묻는 안부입니다. 당연히 모임에서도 뵙고 사적인 만남도 가졌지만, 활자를 통해 오롯이 화라 님에게만 이야기를 건네는 건 전혀 다른 만남이니까요. 오랜만에 느끼는 내밀한 기분이 지금 마시고 있는 커피의 맛을 더욱 진하게 만듭니다.

저는 지금 경남 양산에 있는 작은 카페에 와 있어요. 처음 와보는 동네인데 제가 사는 동네와는 또 다른 고요를 느낄 수 있어서 좋네요. 예전 편지에서 전국의 도에 다 살아보고 싶은 바람이 있다고 이야기했던 것 기억하시나요? 그때 화라 님께 편지 쓰면서 가까운 곳에 당일치기라도 다녀봐야겠다고 다짐했었는데 오늘에서야 실행했습니다. 속도에 상관없이 했다는 것에 방점을 찍으면 바람을 이뤄준 저에게 고마워해야겠지요?

운전대 놓은 지가 꽤 오래돼서 차를 타고 갈 순 없고 혼자 거창하게 준비하지 않아도 갈 수 있는 타지를 찾다가 양산이 떠올랐어요. 동네에 있는 지하철 2호선을 타고 종점까지 가면 양산역이거든요. 여기다! 싶어서 주저 없이 출발했습니다.

지하철을 타고 1시간 정도 가다 보니 도착 네 정거장

앞인 금곡역부터는 지상철로 바뀌더라고요. 캄캄한 땅 밑을 뚫고 밝은 세상 위로 올라서 만난 숲과 들 그리고 드넓은 강은 오늘 제가 받은 최고의 선물입니다.

낯선 동네를 이리저리 살피며 걷다 보니 기분 좋은 엔도르핀이 돌더군요. 언젠가는 살아보고 싶은 곳이 큰 건물이 없는 동네인데, 대부분 단층 빌라와 상가로 되어 있어서 딱 제가 원했던 동네였어요. 길가의 조경도 마음에 들고요. 가을을 반기는 이유 중 하나가 바로 금목서의 향 때문인데요. 금목서만 양쪽 가득 심어 놓은 가로수길이 있더라고요. 자연의 향수에 취해 한참을 걸었습니다.

도착해서 급히 찾아낸 동네 카페는 식물이 가득해서 운치 있고, 주문한 아메리카노의 풍미도 일품이어서 오늘 제 여행은 성공입니다.

마지막 편지라서 좀 거창한 이야기를 쓰고 싶었는데 쓰다 보니 또 평범한 일상의 나열이네요. 혹시 그게 진실이라서 그런 것은 아닐까요? 우리의 삶은 대부분 평범한 날들로 이루어져 있고 그 대부분을 차지하는 평범한 날들이 실제로는 삶의 중심이 되어줍니다. 특별함의 좋은 것과 평범함의 좋은 것이 각각 있는데, 우린 특별한 것만이 좋다는 착각을 하지요. 지루하게 느껴지는 평범한 날들이 실제로는 고마운 날들입니다.

초등학생 때 썼던 일기장의 마지막 줄은 항상 '그래서 참 좋은 하루였다.' 였습니다. 특별한 일이 있었던 건 아니지만, 그래도 오늘 제 하루는 참 좋은 하루였네요. 참 좋았다는 생각으로 끝내면 실제로 뭐든 그럴지도 모릅니다. 어떻게 해석할지의 자유, 어떻게 기억할지의 자유가 나에게 있으니까요.

화라 님과 함께 사계절을 보내며 나누었던 느린 마음 편지는 참 좋았습니다. 머리로 이유를 생각하지 않고 그저 느끼는 마음만 남긴다면 결론은 참 좋았다는 것입니다. 까만 밤하늘의 별처럼, 느슨하지만 서로 연결되어 있던 우리의 마음이 참 좋았습니다. 화라 님과의 편지 덕분에 영원히 꺼지지 않는 영혼의 빛이 항상 고요히 빛나고 있다는 걸 알게 되었습니다.

보내주신 마음 잊지 않겠습니다. 고맙습니다.

김수현

나가는 글

수현 님 안녕하세요.

우리가 마음을 나눈 지 1년이 더 지났네요. 그동안 같은 계절을 만나기도, 보내기도 했습니다. 시간이 흐른 지금, 어떤 마음으로 지내시는지 궁금합니다.

저는 새로운 환경에서 일을 하게 되었습니다. 다양한 직업을 가진 사람들과 만나기도 하고, 몸과 마음이 아픈 사람들도 만나고 있어요. 일을 시작하면서 많은 사람 가운데에서 저는 어떤 역할을 하는 사람이 될까, 물리적인 역할에 신경을 썼어요. 그러나 시간이 지나면서 그곳에 있는 사람들을 관찰하는 저의 모습이 보이기 시작했어요. 마치 TV를 보듯 사람들의 모습을 흥미롭게 관찰하는 저를 만났어요.

이기적이고 탐욕적인 사람, 손해 보는 사람, 착하기만 한 사람 등. 어떤 곳에서나 관찰할 수 있는 그런 사람들이 다 모여 있는 것 같네요. 그중에서도 인상 깊은 사람은 옆에서 어떤 이야기가 오가도 자기 할 일만 하는 사람이에요. '내가 이곳에 일하러 온 목적'에만 신경을 쓰는 듯 주변에 동요되지 않고 오롯이 자기의 일에만 집중하는 사람이죠. 그렇다고 주변인들과 어울리지 못하는 것도 아니고요.

이곳은 직장인으로 와서 일하는 사람, 몸과 마음이 아픈 사람이 있다고 말씀드렸는데요, 현재 일을 할 수 있어서 이곳에 온 사람이라도 사실 몸과 마음이 아픈 사람이기도 하더라고요. 자신만 자신의 상태가 어떤지 모르고 아픈 사람들보다 우위에 있다고 여기는 듯 느껴졌거든요. 그렇게 TV를 보듯 사람들을 보면서 나는 그들의 TV 속에서 어떤 모습일까 궁금해졌어요. 그리고 나는 어떤 모습의 사람이 되고 싶은가, 생각해 보는 매일을 보내고 있고요.

내 마음을 알아차리고 다스리고 상태를 살피는 일을 오랜 기간 동안 해왔다고 하더라도, 실제로 사람들 사이에서 이런저런 일을 겪으면서 내 마음을 살피는 일이 쉽진 않은 것 같아요. 온실 속의 화초가 들판에 놓였을 때 뜨거운 햇빛과 비바람, 추운 밤을 견뎌내며 더 굳건하게 자신만의 꽃을 피울 수 있을까요? 일부는 빨리 죽을 것이고, 일부는 원래 있던 곳으로 돌려달라고 요청할 것이고, 일부만 들판에서 살아남으며 더 깊고 넓게 자신의 뿌리를 내릴 테죠.

어떤 방식이든 '살아남는 것'에 중심을 맞추게 되면 다시 온실로 돌려달라고 할 수도 있을 거고요, 조금 더 견뎌보며 살아남겠다고 결심을 할 수도 있겠네요. 수현 님은 어떤 모습으로 중심을 맞추실지 궁금합니다.

제가 중학생 때 해외 펜팔이 유행이었어요. 영어

공부를 위한 목적이 1순위였지만, 다른 나라에 사는 누군가와 편지로 소식을 주고받는다는 점도 매력이었어요. 서툰 영어로 사전을 찾아가며 편지를 쓰곤 했어요. 최소 2주의 시간이 지나야 답신을 받을 수 있었는데요, 펜팔 친구도 제 편지를 받고 얼른 답장을 써줘야만 2주 만에 편지가 오고 갈 수 있었죠.

우리의 편지도 마음을 나눈다는 목적이 1순위이고, 잘 몰랐던 서로를 편지를 통해 알게 된 것이 큰 매력이었습니다. 답장을 기다리는 상대를 생각하며 마음이 급해지기도 했지만 그런 마음까지도 이해해주는 친구가 생긴 점이 큰 기쁨이기도 합니다. 잘 모르는 사이라도 마음을 나누며 친해질 수 있었던 시간이 귀하고 감사합니다. 시간을 내어주셔서 고마워요.

편지를 다시 보낼 수 있는 날을 기약하며, 내 마음을 보냅니다.

그럼 이만.

P.S

우리의 마음이 담긴 편지가 세상에 나올 수 있게 되어 무척 기쁩니다. 세상에서 마음을 나눌 수 있는 사람이 한 명 있다는 것이 얼마나 큰 기쁨인지 공유하고 싶었습니다. 사람을 믿기 힘들어진 요즘, 누군가와 편지로 가까워진다는 일은 각박해진 세상에 문틈으로 새어 나오는 빛과 같을 것입니다. 마음이 가는 사람이 있다면 슬쩍 한번 물어보시길 바랍니다. 혹시나 그도 원하고 있을지도 모르거든요.

신화라